FRÜHSTÜCK • MITTAGESSEN • ABENDBROT • SNACKS

KOCH DICH FIT

[DAS KOCHBUCH VOM OLYMPIA TEAM DEUTSCHLAND]

ÜBER 70 REZEPTE FÜR MEHR POWER IM ALLTAG

So lecker ist
bewusst

Genuss und ausgewogene Ernährung? Mit diesem Buch entdecken Sie, dass beides ganz vorzüglich zusammenpasst. Überzeugte Genießer und ernährungsbewusste Zeitgenossen werden begeistert sein von den vielen tollen Rezepten, die Klassiker wie Müsli, Pasta oder Salat überraschend neu und grandios lecker schmecken lassen. Von herzhaftem Porridge mit Bacon und Ei, Poké Bowl mit Tofu oder Lachsfrikadellen mit Blumenkohl und Polenta: Die mehr als 70 Rezepte stecken voller köstlicher Details, die Ihre Liste persönlicher Lieblingsgerichte sehr viel länger machen. Das Beste daran: Jedes Rezept versorgt Sie mit reichlich Energie aus frischen, vielfältigen Zutaten. So bekommt Ihr Körper alle wichtigen Nährstoffe, um voll durchstarten zu können.

Unser Team der fitten Lebensmittel stellen wir Ihnen in einer ausführlichen Warenkunde vor. Mit den Schritt-für-Schritt-Anleitungen in den Rezepten kommen Sie dann fast so schnell ans Ziel wie die 100-Meter-Läufer im olympischen Finale. Weil das auch den Athleten vom Olympia Team Deutschland gefällt, haben sie dieses Buch mit ihren Erfolgsrezepten und Ernährungstipps angereichert. Sie begegnen Ihnen auf den folgenden Seiten immer wieder unter dem Hashtag #reifeleistung. Und da wir gerade beim Sport sind: Zum aktiven Lebensgefühl gehört auch Bewegung. Deshalb zeigen die Beachvolleyballerinnen Laura Ludwig und Maggie Kozuch Ihnen ein paar Übungen, die Sie leicht und locker zu Hause nachmachen können.

Probieren Sie es aus: Dabeisein macht fit und ist in jedem Fall lecker. Viel Spaß beim Nachkochen!

Gleich geht's los – Infos vor dem Start

PRO PORTION: ca. 662 kcal | 43 g E | 36 g F | 47 g KH

ZUBEREITUNGSZEIT: ca. 20 Minuten

Eiweiß, Fett und Kohlenhydrate sind die wichtigsten Nährstoffe. Deshalb ist ihr Anteil unter allen Rezepten vermerkt. Ebenso der Brennwert (kcal) und die Zeit, die zum Kochen einzuplanen ist.

Tipps vom Olympia Team Deutschland
In diesen Kästen kommen Sportler zu Wort, die das Rezept genau unter die Lupe genommen und durch eigene Tipps ergänzt haben. Diese sind mit ihrem Porträtfoto und diesem Stempel markiert.

#reifeleistung

Auf Seiten mit dem Hashtag #reifeleistung erzählen Team Deutschland-Athleten, was sie essen, um fit zu bleiben. Und welches Rezept sie sich von den EDEKA-Experten gewünscht haben. Weitere Rezepte und Informationen zur Partnerschaft mit dem Olympia Team Deutschland finden Sie hier:
www.edeka.de/reifeleistung

PRAKTISCHE ZEICHENSPRACHE

Sieben Symbole sagen mehr als viele Worte und zeigen auf einen Blick, was in den Rezepten drinsteckt – und was eben nicht:

 Glutenfrei
Dieses Symbol finden Sie unter allen Rezepten, deren Zubereitung ohne glutenhaltige Zutaten auskommt.

 Laktosefrei
Das Zeichen markiert alle Rezepte, bei denen keine Milch oder Milchprodukte zum Einsatz kommen, die den Milchzucker Laktose enthalten.

 Vegetarisch
Gerichte, die ausschließlich aus vegetarischen Zutaten bestehen, erkennen Sie an diesem Symbol.

 Vegan
Rezepte, die mit den Blättchen am Stiel gekennzeichnet sind, sind vegan.

 Low Carb
Unter Rezepten, die besonders wenig Kohlenhydrate enthalten, findet sich dieses Symbol.

 Schnelle Küche
Rezepte, die in weniger als 30 Minuten zubereitet sind, sind mit diesem Zeichen versehen. Die Zahl zeigt die benötigten Minuten an.

 Zum Mitnehmen
Rezepte mit diesem Symbol lassen sich prima vorbereiten, in Frischeboxen verpackt mitnehmen und z. B. im Büro wieder erwärmen.

Inhalt

3 Vorwort

6 Power-Trio
Essen ist Teamwork: Welche Grundzutaten gehören zu einer ausgewogenen Ernährung? Alle wichtigen Bausteine sind hier übersichtlich aufgeführt und erklärt.

14 Frühstück
Fit in den Tag: Hier zeigen leckere Vollkornbrote mit Ziegenfrischkäse, fruchtiges Birchermüsli, ein Brombeer-Smoothie mit Basilikum und eine Avocado-Bowl ihr ganzes Können und sorgen für den optimalen Start in den Tag.

46 Mittagessen
Energie für die zweite Hälfte: Das Team aus Proteinen, Kohlenhydraten und wertvollen Fetten schlägt jedes Mittagstief. Gegrillter Halloumi mit Lauchsalat & Passionsfrucht, Spinat-Pancakes, Rote-Bete-Gnocchi und Poké Bowl mit Tofu geben Power.

82 Runter vom Sofa
Übungen, die einfach guttun: Die Beachvolleyballerinnen Laura Ludwig und Maggie Kozuch zeigen Ihnen auf diesen Seiten acht effektive Übungen, die sich ganz leicht in den Alltag einbinden und Sie richtig fit werden lassen.

92 Abendessen
Leichtes zum Ausklang: Lachsfrikadellen, Rinderhüftsteak mit Bohnenpüree & Tomaten und Saltimbocca wünschen leichte Träume und schicken uns zufrieden und satt ins Bett.

124 Snacks
Power für zwischendurch: Gemüsechips, Rosmarinnüsse und fruchtige Joghurts sorgen für den optimalen Energiekick zwischendurch.

140 Register

144 Impressum

Power-Trio
Essen ist Teamwork

Wenn es um ausgewogene Ernährung geht, fällt ganz oft das Wort Superfood. Klingt toll, doch was bedeutet es eigentlich? Superlecker? Superschön? Superfrisch? Supergesund? An allem ist was dran, aber Superfoods sind vor allem: supernormal.

Gemeint sind nämlich oft leckere Bekannte wie Spinat, Sellerie, Sesam oder Haselnüsse. Sie sind randvoll mit Stoffen, die gut für uns sind. Wie zum Beispiel Mineralstoffe, Vitamine und sekundäre Pflanzenstoffe, die uns leistungsfähig und fit halten und als Antioxidantien vor schädlichen Umwelteinflüssen schützen. Doch auch für die Topstars unter den Lebensmitteln gilt: Das Zusammenspiel ist der Schlüssel zum Erfolg.

Auch Superfoods brauchen ein starkes Team aus frischen, vielfältigen Zutaten, um gewinnen zu können. Entscheidend ist die ausgewogene Mischung aller wichtigen Nährstoffe. Von einigen brauchen wir mehr, von anderen weniger. Im Team der bewussten Ernährung werden besonders viele Kohlenhydrate, Fette und Eiweiße benötigt. Diese großen drei sind unsere Energielieferanten und Baustoffe für die Zellen, aus denen wir bestehen.

Auf den nächsten Seiten erfahren Sie, welche Lebensmittel besonders viel von diesem Power-Trio enthalten – und noch ein bisschen mehr: Es gibt nämlich unter den Kohlenhydraten und Fetten ganz herausragende Talente. Bei den Kohlenhydraten nennt man sie langkettig und bei den Fetten ungesättigt. Was es damit auf sich hat, lesen Sie ebenfalls nach dem Umblättern. Nach der Lektüre unserer Warenkunde werden Sie verstehen, dass es Gold-Kandidaten unter den Lebensmitteln gibt und welche es sind. Selbstverständlich haben wir sie zur Grundlage für die Rezepte in diesem Buch gemacht. Sie stehen für eine vielseitige und ausgewogene Ernährung, und darum soll es gehen: Die Wahrheit liegt auf dem Teller und neben aller Ausgewogenheit schmecken die Gerichte vor allem superlecker.

Kohlenhydrate
Die Energielieferanten

Kohlenhydrate bestehen aus Zuckermolekülen. Wir nehmen sie zu uns, wenn wir ein Glas Limo trinken – aber auch, wenn wir in eine Scheibe Schwarzbrot beißen. Interessant dabei: Wenn Kohlenhydrate langkettig sind wie im Schwarzbrot, schmecken sie erst nach langem Kauen süß. Sie werden dann aber gleichmäßiger aufgenommen und machen länger satt. Die süßen Einfach- oder Zweifachzucker versorgen uns dafür ruckzuck mit Energie, die aber schnell wieder aufgebraucht ist. Vor allem Kartoffeln, Spaghetti, Reis und rote Linsen enthalten viele langkettige Kohlenhydrate und liefern lange Treibstoff für Muskeln und Hirn.

KNÄCKEBROT
Maximal 10 Prozent Feuchtigkeit darf das klassische Rezept aus Vollkornschrot, Roggen, Wasser und Salz enthalten. Knäckebrot schlägt in Sachen Ballaststoffgehalt sogar das Vollkornbrot. Ballaststoffe sind langkettige Kohlenhydrate, die uns sättigen und die Gesundheit unseres Darms fördern.

HAFERFLOCKEN
Hafer enthält langkettige Kohlenhydrate, die langsam abgebaut werden. Seine Ballaststoffe helfen unter anderem, den Cholesterinspiegel zu senken. Wie auch Dinkel- oder Roggenflocken sind Haferflocken wahre Nährstoffwunder und extrem gute Langzeitenergielieferanten.

NUDELN
Nudeln gibt es in allen Varianten: Sind sie aus Vollkorn hergestellt, sind auch die äußeren Schichten des Getreides verarbeitet worden. Die Nudeln verfügen dadurch über deutlich mehr Ballaststoffe, Vitamine und Mineralstoffe. Spaghetti aus Dinkelmehl schmecken zum Beispiel leicht nussig und enthalten einen hohen Anteil an Spurenelementen. Das sind Mineralstoffe, die nur in geringen Mengen im Körper vorkommen und die wir deshalb über die Nahrung zu uns nehmen müssen.

KARTOFFELN
Kartoffeln sind wahre Champions der Fitness-Küche. Sie bestehen zu rund 80 Prozent aus Wasser, haben so gut wie kein Fett und nur wenige Kalorien – und verfügen trotzdem über viele Vitamine: Ihr Vitamin-C-Gehalt toppt den eines Apfels. Durch ihren hohen Anteil an langkettigen Kohlenhydraten sind sie sehr sättigend.

LINSEN
Sie sind kleine Kraftpakete: Wegen ihrer langkettigen Kohlenhydrate, dem niedrigen Fettgehalt und reichlich enthaltenen Spurenelementen sollten vor allem rote Linsen auf keinem Speiseplan fehlen. Auch ihre schwarzen, grünen und gelben Schwestern sind unglaublich nährstoffreich.

REIS
Im Supermarkt findet sich Reis in verschiedenen Varianten. Allen gemeinsam ist eine enorme Vielseitigkeit und ein hoher Anteil an Kohlenhydraten: In 100 Gramm Reis sind knapp 80 Gramm enthalten. Seine Vitamine sind wichtig für Nerven, Haut und Stoffwechsel.

BULGUR
Bulgur ist ein Produkt aus Hartweizen. Mit nur 100 Gramm lässt sich fast ein Drittel des täglichen Bedarfs an Ballaststoffen decken. Zudem besitzt er viele Mineralstoffe sowie Vitamine und ist, besonders mit Kräutern verfeinert, eine tolle Beilage zu den unterschiedlichsten Gerichten.

Fette
Die Leckerschmecker

Wie Kohlenhydrate liefern auch Fette Energie. Aber sie können noch mehr. Fette sind natürliche Geschmacksverstärker: Die Aromastoffe unserer Lebensmittel entfalten sich oft erst im Zusammenspiel mit ihnen optimal. Weil zudem die Hüllen unserer Körperzellen überwiegend aus Fett bestehen, brauchen wir den Nährstoff unbedingt. Dabei kommt es aber vor allem auf die Qualität an. Fett ist nicht gleich Fett – jedes ist aus verschiedenen Fettsäuren aufgebaut. Bekömmlich, nahrhaft und damit ideal für eine ausgewogene Ernährung sind vor allem ungesättigte Fettsäuren aus pflanzlicher Nahrung und Fisch.

BUTTER
Butter ist der Klassiker zum Braten. Sie verstärkt das feine Aroma vieler Lebensmittel. Die Vitamine E, A und D sowie Vitamin B12 und zahlreiche Mineralstoffe machen sie besonders wertvoll. Sie enthält ein breites Spektrum an Fettsäuren. Neben dem überwiegenden Anteil an gesättigten Fettsäuren sind das in kleinen Mengen auch einfach und mehrfach ungesättigte Fettsäuren. Den höchsten Anteil gesunder Inhaltsstoffe wie Betacarotin, die Vitamine A und E sowie Omega-3-Fettsäuren und Omega-6-Fettsäuren enthält die aus Weidemilch hergestellte Butter.

OLIVENÖL
Wenn es um eine ausgewogene Ernährung geht, führt kein Weg an Olivenöl vorbei – schließlich werden immer mehr gesundheitsfördernde Substanzen in diesem Grundelement der mediterranen Küche entdeckt. So schützen seine ungesättigten Fettsäuren unter anderem vor Herz-Kreislauf-Erkrankungen.

AVOCADO
100 Gramm Fruchtfleisch bestehen zu etwa 22 Prozent aus wertvollen Fetten: Die Avocado ist reich an ungesättigten Fettsäuren und punktet zudem mit Vitaminen und Ballaststoffen, ohne schwer im Magen zu liegen.

LACHS
Auf dem Teller ist er fast unschlagbar: Lachs ist gleichzeitig zart, trotzdem kräftig im Geschmack und vielseitig einsetzbar. Er enthält jede Menge Vitamine, Spurenelemente und die berühmten Omega-3-Fettsäuren, die unter anderem die Fließeigenschaften des Blutes verbessern.

MANDELN
Geröstet als Snack, zum Frühstück im Porridge oder als Mus für Desserts: Mandeln laufen immer zu großer Form auf und geben ihre Energie gleichmäßig und lang anhaltend ab. Das macht sie zum idealen Kraftspeicher bei Aktivitäten aller Art. Neben ungesättigten Fettsäuren enthalten sie reichlich Ballaststoffe, Vitamine und Spurenelemente.

WALNÜSSE
Ihr Fettanteil beträgt 65 Prozent. Dass Nüsse wie die Walnuss dennoch als unschlagbares Fit-Food gelten, liegt an der Art ihrer Fette. Ihre zahlreichen ungesättigten Fettsäuren fördern die Regenerationsfähigkeit des Körpers und kurbeln die Gehirnaktivität an.

Eiweiße
Die Alleskönner

Um fit zu bleiben, benötigt unser Körper Eiweiß, auch Protein genannt. Der Bedarf in unserem Körper ist groß. Proteine sind zentrale Bausteine für Muskeln, Organe, das Immunsystem, unser Blut und unsere Hormone. Experten empfehlen daher, täglich Milchprodukte und ein- bis zweimal pro Woche Fisch zu essen. Wie gut, dass Fisch und Fleisch, Milchprodukte und Eier, aber auch Tofu und Hülsenfrüchte nicht nur hervorragende Eiweißlieferanten sind: Sie schmecken dazu noch besonders lecker.

ENTRECÔTE
Ein ausgesprochen edles Stück Rindfleisch und wunderbar zum Kurzbraten geeignet: das Entrecôte, das auch als Rib Eye oder Hochrippe bekannt ist. Der Fettkern sorgt dafür, dass das Fleisch außerordentlich saftig und zart ist. Sein hoher Eiweißanteil von etwa 20 Prozent macht es so wertvoll für unseren Körper.

ZIEGENKÄSE
Ziegenkäse enthält die konzentrierte Power frischer Ziegenmilch: In 100 Gramm Käse stecken 22 Gramm Eiweiß und viele Vitamine. Weil er kaum Laktose, also Milchzucker, enthält, ist er bekömmlicher als Kuhmilchkäse. Diesen Effekt unterstützen auch die im Vergleich zur Kuhmilch feineren Fettkügelchen in der Ziegenmilch und die spezielle Struktur ihrer Milcheiweiße.

FORELLE
Der Süßwasserfisch ist eine leichtere, aber dennoch sehr nährstoffreiche Alternative zu Lachs. Und genauso vielseitig: Es gibt Dutzende Wege, den Magerfisch zuzubereiten. Gut so, denn ein hoher, leicht verdaulicher Eiweißanteil, dazu wenig Fett, aber dafür hochwertige Omega-3-Fettsäuren machen ihn zum perfekten Gericht.

TOFU
Dank seines Eiweißgehalts von bis zu 20 Prozent wird Tofu zu einer idealen Alternative zu tierischen Eiweißquellen – oder auch zur tollen Beilage. Das Eiweiß ist leicht verdaulich, zudem sind Sojabohnen, die Grundlage von Tofu, reich an ungesättigten Fettsäuren sowie Mineralstoffen.

JOGHURT
Joghurt ist ein Allrounder. Mit Früchten eignet er sich zum Frühstück, er ist eine wertvolle Zutat beim Mittagessen und ideales Dessert am Abend. Dank seines hohen Proteingehalts sorgt er für lang anhaltende Sättigung und unterstützt den Muskelaufbau. Zusätzlich zum Eiweiß enthält er jede Menge Calcium, das Osteoporose vorbeugt. Einige Joghurts sind zudem probiotisch. Sie enthalten Milchsäurebakterien, die in unserem Darm überleben, das Immunsystem stärken und die Darmflora aufbauen.

EIER
Eier sind wahre Kraftpakete. Ihr Eiweiß kann vom Körper zu fast 100 Prozent verwertet werden und ist sehr gut verdaulich. Daneben enthalten Eier ungesättigte Fettsäuren, aber ebenso Mineralien und Vitamine. Und auch ein langjähriges Vorurteil ist mittlerweile entkräftet: Eier beeinflussen den Cholesterinspiegel kaum.

Frühstück
Fit in den Tag

Kommen Sie morgens leicht aus dem Bett? Oder fällt Ihnen das Aufstehen schwer? Egal ob Sie Lerche oder Eule sind: Wenn Sie aufwachen, sind Sie nicht allein. Ihre Organe wachen mit Ihnen auf und erwarten ein Frühstück – schließlich funktioniert unser ganzer Körper im Tag-Nacht-Rhythmus. Und der Schlaf ist Fastenzeit.

Ob direkt nach dem Aufstehen oder etwas später: Ein leckeres Frühstück ist wie ein Kickstart für den Stoffwechsel. Es versorgt unseren Körper mit Energie für den Tag und sollte besonders nährstoffreich sein.

Entdecken Sie herzhaftes Porridge, köstliche Bowls, fruchtig-kernige Joghurts und frische Smoothies, in denen alles steckt, was Sie für ein leckeres Gute-Laune-Frühstück brauchen. Sie werden überrascht sein, wie schnell diese Power-Gerichte auf dem Tisch stehen. Viele von ihnen sind in nur 10 oder 15 Minuten zubereitet. Alle Rezepte lassen den Blutzuckerspiegel ganz allmählich ansteigen und nur langsam wieder absinken. Die konstante Energiezufuhr lässt Sie fit und konzentrationsfähig in den Tag starten. So werden Sie jede Hürde mit Leichtigkeit nehmen.

Birchermüsli
mit Apfel, Honig & Kirschen

FÜR 2 PORTIONEN

¼ Vanilleschote
1 Zitrone
150 ml Milch
50 g Joghurt (3,5% Fett)
70 g Haferflocken
(alternativ Dinkel- oder Roggenflocken)
20 g ganze Haselnüsse
6 Kirschen
50 ml Schlagsahne
½ Apfel (z. B. Elstar)
Zimt
2 EL Honig

Utensilien
Julienne-Hobel

1 Am Vortag die Vanilleschote der Länge nach aufschneiden. Das Vanillemark herauskratzen. Die Zitrone halbieren und auspressen. Das Vanillemark mit Milch, Joghurt, 1 EL Zitronensaft und Haferflocken in einer Schüssel mischen. Zugedeckt über Nacht in den Kühlschrank stellen.

2 Die Haselnüsse grob hacken und in einer Pfanne ohne Fett rösten, dann zur Seite stellen. Die Kirschen abspülen, halbieren und den Stein herauslösen. Das Fruchtfleisch in feine Spalten schneiden. Lässt sich der Stein nicht lösen, das Fruchtfleisch rundherum in Spalten vom Stein schneiden. Zugedeckt kalt stellen.

3 Vor dem Servieren die Sahne steif schlagen. Den Apfel entkernen und auf einem Julienne-Hobel in Streifen hobeln. Alternativ den Apfel mit einem Messer in feine Streifen schneiden. Die Apfelstreifen mit dem restlichen Zitronensaft vermengen.

4 Die eingeweichten Haferflocken aus dem Kühlschrank nehmen und durchrühren. Die Hälfte der Apfelstreifen und die Sahne unterheben. Auf zwei tiefe Teller verteilen. Die Kirschen, die Haselnüsse und den restlichen Apfel darauf anrichten. Mit 1 Prise Zimtpulver bestäuben und den Honig darübergeben.

PRO PORTION: ca. 457 kcal | 10,5 g E | 20 g F | 56,5 g KH

ZUBEREITUNGSZEIT: ca. 25 Minuten (zzgl. Einweichzeit über Nacht)

SPORTLER-TIPP

Johannes Vetter, Speerwerfer,
Weltmeister 2017, WM-Bronze 2019
„Ein leckeres Müsli sorgt für viel Kraft und einen guten Start in den Tag. Ich mag es besonders gerne mit frischen Beeren und Banane. Das alles mische ich dann mit Joghurt."

Herzhaftes Porridge
mit Bacon & pochiertem Ei

FÜR 2 PORTIONEN

20 g Parmesan
4 Scheiben Bacon (Frühstücksspeck)
500 ml Bio-Gemüsebrühe (alternativ Hühner- oder Rinderbrühe)
50 g Haferflocken (kernig)
50 g Haferflocken (zart)
4 EL Weißweinessig
2 Eier (Größe M)
10 g Butter
½ Bund glatte Petersilie
Salz, Pfeffer

1 Zunächst den Parmesan dünn hobeln. 2 Scheiben Bacon quer in ca. 3 cm breite Streifen schneiden. Die Brühe in einem Topf aufkochen und die Haferflocken dazugeben. Unter ständigem Rühren bei mittlerer Hitze ca. 10 Minuten zu einem zähen Brei kochen.

2 Inzwischen 1½ l Wasser mit dem Weißweinessig aufkochen. Die Eier in je eine Tasse aufschlagen. Den Topf vom Herd nehmen und das Wasser mit einem Kochlöffel umrühren, sodass ein Strudel entsteht. Dann die Eier in die Mitte des Strudels gleiten lassen und das Eiweiß mit dem Löffel zügig um das Eigelb ziehen. Den Topf zurück auf den Herd setzen und die Eier darin 4–5 Minuten ziehen lassen. Die pochierten Eier herausnehmen, abtropfen lassen und abgedeckt warm halten.

3 Eine Pfanne bei mittlerer Hitze erwärmen und die Butter darin zerlassen. Die Baconstreifen und den restlichen Bacon zugeben und darin ca. 2 Minuten knusprig braten. Kurz vor Ende der Garzeit die Petersilie zufügen und ebenfalls knusprig braten (Achtung: Die Petersilie verbrennt schnell). Die Hälfte des Parmesans unter das Porridge rühren und mit Salz sowie Pfeffer würzen.

4 Das Porridge auf zwei Schalen verteilen. Den Bacon und die pochierten Eier mit der Petersilie darauf anrichten und mit etwas Pfeffer würzen. Den restlichen Parmesan dazu servieren.

PRO PORTION: ca. 459 kcal | 23,5 g E | 24 g F | 36 g KH

ZUBEREITUNGSZEIT: ca. 30 Minuten

SPORTLER-TIPP

Timo Piontek, Ruderer,
Weltcup-Sieger im Zweier 2018, Weltcup-Dritter im Vierer 2019
„Mir ist wichtig, morgens die erste Rudereinheit ohne Hungergefühl zu überstehen. Haferflocken sind perfekt. Sie liegen nicht schwer im Magen und enthalten Kohlenhydrate, Ballast- und Mineralstoffe."

Hirse-Bowl mit Birne & Mandeln

FÜR 2 PORTIONEN

150 g Hirse
Salz
½ Vanilleschote
½ Birne
60 g Himbeeren
20 g Butter
¼ TL Zimt
150 ml Pflanzenmilch (Reismilch oder Dinkelmilch)
2 EL Mandelmus
1 EL Mandelblättchen
2–3 EL Honig

1 Die Hirse abspülen und nach Packungsanleitung in gesalzenem Wasser garen. Inzwischen die Vanilleschote der Länge nach halbieren und das Mark herauskratzen.

2 Die Birne abspülen, entkernen und in feine Scheiben schneiden. Himbeeren abspülen.

3 Die Hirse in einem feinen Sieb kurz abtropfen lassen. Dann die Butter in einem Topf zerlassen und den Zimt kurz darin rösten. Die Pflanzenmilch und das Vanillemark zugeben und kurz aufkochen lassen.

4 Die Hirse auf zwei Schalen verteilen und die Zimtmilch darübergießen. Mit Birne, Himbeeren, Mandelmus und Mandelblättchen garnieren und mit Honig servieren.

TIPP: Die ausgekratzte Vanilleschote kann aufbewahrt und zum Aromatisieren anderer Gerichte verwendet werden.

PRO PORTION: ca. 610 kcal | 14,5 g E | 27 g F | 76,5 g KH

ZUBEREITUNGSZEIT: ca. 30 Minuten

Smoothie-Bowl mit Beeren

FÜR 2 PORTIONEN

2 TL Kokosraspel
2 Kiwis
2 Bananen
20 g ganze Pekannüsse (alternativ Walnüsse)
250 g Beerenmischung (TK)
1 EL Chiasamen
100 ml Kokosmilch
150 g pflanzlicher Joghurt (z. B. Soja- oder Kokosjoghurt)
10 Brombeeren (TK)

1 Zunächst die Kokosraspel in einer Pfanne ohne Fett leicht rösten. Dann herausnehmen und abkühlen lassen.

2 Die Kiwis schälen und in ca. 5 mm dicke Scheiben schneiden. Die Bananen aus der Schale lösen und einmal halbieren. Danach die Pekannüsse grob hacken.

3 Für den Smoothie die Beerenmischung mit den Bananenhälften, den Chiasamen, der Kokosmilch und dem Joghurt in einem Standmixer fein pürieren.

4 Den Smoothie auf zwei Bowls aufteilen. Mit den Nüssen, den Kokosraspeln, der Kiwi und den angetauten Brombeeren garnieren.

PRO PORTION: ca. 512 kcal | 9,5 g E | 24 g F | 24 g KH

ZUBEREITUNGSZEIT: ca. 15 Minuten

#reifeleistung

DAS ERFOLGSREZEPT VON RUTH SPELMEYER, 400-METER-LÄUFERIN

„Ich habe mir von den EDEKA-Experten ein Rezept mit Avocado gewünscht, weil ich sie wahnsinnig gerne esse. Meine Mama ist Argentinierin und nutzte sie schon lange, bevor sie in Deutschland populär wurde. Ich finde besonders toll, dass Avocados so vielfältig einsetzbar sind. Ob als süße Zutat im Kuchen oder salzige Guacamole auf einem Burger, zum Frühstück in einem Smoothie, als kleines Mittagessen mit einem Spiegelei oder eben in einer fruchtigen Bowl zusammen mit anderen leckeren Zutaten. Außerdem macht sie satt, ohne schwer im Magen zu liegen. Das ist nicht nur beim Sport wichtig. Sie enthält zudem reichlich Vitamine, Mineralstoffe und einfach ungesättigte Fettsäuren, die das Herz-Kreislauf-System stärken."

IHRE GRÖSSTEN ERFOLGE
- Deutsche Meisterin 2015, 2016 und 2017
- Teilnahme an den Olympischen Spielen 2016

3 FRAGEN AN RUTH

Wie ernährst du dich, um fit zu bleiben?
„Mein Körper und meine Fitness sind mein Kapital als Leistungssportlerin. Ich achte daher darauf, das zu essen, was mir guttut und was ich brauche, um mich beispielsweise besser zu regenerieren und auch optimal vorbereitet zu sein auf einen Wettkampf oder eine Trainingseinheit."

Beschäftigst du dich auch privat oft mit Ernährung?
„Ja, oft und gerne! Essen ist immer ein toller Weg, ein fremdes Land oder eine andere Kultur kennenzulernen. Es hat auch eine wichtige soziale Komponente, denn eine gemeinsame Mahlzeit lässt vieles noch viel besser schmecken. Ganz zentral ist bei dem Thema Ernährung meiner Meinung nach der Wohlfühlfaktor. Das heißt nicht, dass man immer nur das isst, worauf man gerade Appetit hat, sondern dass man eben auch ganz gezielt gesunde, ausgewogene und hochwertige Nahrung zu sich nimmt, die zu einem körperlichen Wohlbefinden führt."

Und dein absolutes Lieblingsrezept?
„Eines meiner ganz besonderen Lieblingsrezepte ist ein Kürbiskuchen auf Keksboden mit Schokoganache!"

Avocado-Bowl
mit Beeren & Babyspinat

FÜR 4 PORTIONEN

1 Avocado
100 g Babyspinat
½ Salatgurke
1 Bio-Limette
40 g ganze Mandeln
125 g Himbeeren
125 g Brombeeren
220 g Erdbeeren
80 g Basis-Müsli 5-Korn-Mix
400 ml Kokosmilch
300 g Naturjoghurt mit L-Casei (1,8% Fett)
1–2 EL Reissirup
4 EL Kokosraspel
4 EL Leinsamen
2 Zweige Minze

1 Die Avocado schälen, den Kern entfernen und das Fruchtfleisch in Stücke schneiden. Den Babyspinat waschen und trocken schleudern. Die Gurke schälen und grob würfeln. Die Limette waschen, 2 feine Scheiben für die Dekoration abschneiden und zur Seite legen. Den Saft der restlichen Frucht auspressen. Die Mandeln grob hacken. Die Beeren waschen und abtropfen lassen, dann die Erdbeeren vom Grün befreien.

2 Die Avocado, den Babyspinat und die Gurke in einen Standmixer oder ein hohes Rührgefäß geben. Basis-Müsli, Kokosmilch, Joghurt und 300 ml kaltes Wasser zufügen und alles fein pürieren. Mit Limettensaft und Reissirup abschmecken.

3 Den Avocado-Mix in Schüsseln füllen und mit Beeren, Mandeln, Kokosraspeln sowie Leinsamen anrichten. Die Minze waschen, trocken schütteln und die Blätter abzupfen. Die Avocado-Bowl mit der Minze und den halbierten Limettenscheiben garniert servieren.

PRO PORTION: ca. 482 kcal | 16,3 g E | 30,6 g F | 32,4 g KH

ZUBEREITUNGSZEIT: ca. 20 Minuten

Chia-Pudding
mit Traubensaft & Joghurt

FÜR 2 PORTIONEN

3 EL Chiasamen
200 ml Traubensaft (rot)
1 Pfirsich
½ Apfel (z. B. Elstar)
100 g Johannisbeeren
500 g Joghurt (3,5% Fett)
Honig

1 Die Chiasamen mit dem Traubensaft verrühren und im Kühlschrank mindestens 30 Minuten quellen lassen. Nach 15 Minuten einmal gut durchrühren, damit die Samen keine Klümpchen bilden.

2 Zum Servieren das Obst abspülen. Den Pfirsich entsteinen, die Apfelhälfte entkernen und dann beides in feine Spalten schneiden. Die einzelnen Johannisbeeren von den Rispen zupfen.

3 Den Joghurt in zwei Schalen anrichten. Die Chiasamen umrühren und leicht marmorartig unterheben. Das Obst darauf verteilen und nach Belieben mit Honig süßen

PRO PORTION: ca. 448 kcal | 13,5 g E | 17 g F | 49 g KH

ZUBEREITUNGSZEIT: ca. 10 Minuten (zzgl. 30 Minuten Quellzeit)

[SPORTLER-TIPP]

Niklas Kaul, Zehnkämpfer, Weltmeister 2019
„Chia-Pudding kommt bei mir zum Frühstück oder als Zwischenmahlzeit auf den Tisch. Warum? Er ist leicht, schnell zubereitet, lecker und liefert in Verbindung mit Joghurt und Obst die Nährstoffe, die ich für Uni und Training brauche."

1 Erdbeer-Joghurt
mit Cornflakes

Fruchtiger Joghurt 3x anders

FÜR 2 PORTIONEN

¼ Vanilleschote
350 g griechischer Joghurt (10 % Fett)
3 EL Honig
150 g Erdbeeren
½ Banane
2 EL Cornflakes (zuckerfrei)
2 Minzblättchen

1 Für den Joghurt die Vanilleschote der Länge nach aufschneiden und das Mark herauskratzen. Das Vanillemark mit dem Joghurt und dem Honig verrühren.

2 Die Erdbeeren abspülen und putzen. Die Banane schälen und anschließend mit 80 g Erdbeeren und der Hälfte des Joghurts kurz pürieren. Danach mit dem restlichen Joghurt grob verrühren und in zwei Schalen füllen.

3 Die übrig gebliebenen Erdbeeren würfeln und mit den Cornflakes auf dem Joghurt anrichten. Zum Schluss mit der Minze garniert servieren.

TIPP: Statt der zuckerfreien Cornflakes eignet sich als Topping für den Erdbeer-Joghurt auch das Popcorn-Nuss-Granola (Rezept S. 28). Sehr gut passen außerdem Kokosraspel, Chia- oder Leinsamen und fein gehackte Pistazien.

PRO PORTION:
ca. 379 kcal | 7,5 g E | 13,5 g F | 55 g KH

ZUBEREITUNGSZEIT:
ca. 10 Minuten

2 Heidelbeer-Joghurt
mit Granola

FÜR 2 PORTIONEN

¼ Vanilleschote
350 g griechischer Joghurt (10% Fett)
5 EL Honig
30 g Heidelbeeren (TK)
50 g Heidelbeeren (frisch)
3 TL Granola (Rezept S. 28)

1 Für den Joghurt die Vanilleschote der Länge nach halbieren und das Mark herauskratzen. Danach das Vanillemark mit dem Joghurt und 3 EL Honig verrühren.

2 Die Hälfte des Joghurts mit den TK-Heidelbeeren kurz pürieren, anschließend mit dem restlichen Joghurt verrühren und auf zwei Schalen verteilen. Die frischen Heidelbeeren abspülen und vorsichtig abtrocknen.

3 Danach die Beeren zusammen mit dem Granola und dem restlichen Honig auf dem Joghurt verteilen.

TIPP: Zum Süßen kann man auch Ahornsirup verwenden. Durch seinen kräftig malzigen Geschmack passt er sehr gut zu dem Heidelbeer-Joghurt. Dabei gilt: Je heller der Sirup ist, desto feiner und milder ist sein Geschmack.

PRO PORTION: ca. 366 kcal | 6,6 g E | 19,6 g F | 40,3 g KH

ZUBEREITUNGSZEIT: ca. 10 Minuten

3 Schoko-Joghurt
mit Himbeeren

FÜR 2 PORTIONEN

¼ Vanilleschote
350 g griechischer Joghurt (10% Fett)
3 EL Honig
2 TL Kokosraspel
¼ Avocado
2 TL Kakaopulver (ungesüßt)
8 Himbeeren

1 Für den Joghurt die Vanilleschote der Länge nach aufschneiden und das Mark herauskratzen. Dann das Vanillemark mit dem Joghurt und dem Honig verrühren.

2 Die Kokosraspel in einer Pfanne ohne Fett rösten und auskühlen lassen. Die Avocado entkernen und aus der Schale lösen.

3 Das Avocadofruchtfleisch zusammen mit dem Kakaopulver sowie der Hälfte des Joghurts fein pürieren und mit dem restlichen Joghurt verquirlen. Dann in zwei Schüsseln füllen.

4 Zum Schluss die Himbeeren abspülen und zusammen mit den Kokosraspeln auf dem Joghurt anrichten.

PRO PORTION: ca. 372 kcal | 7,5 g E | 22 F | 35,5 g KH

ZUBEREITUNGSZEIT: ca. 10 Minuten

Süßes Labneh mit Himbeeren

FÜR 2 PORTIONEN

½ Vanilleschote
1 Bio-Orange
800 g Joghurt (3,5% Fett)
Salz
70 g Honig
130 g Himbeeren
50 g Pistazien (geschält)
4 Scheiben Knäckebrot

Utensilien
Mulltuch

1 Am Vortag das Mark aus der Vanilleschote kratzen. 1 TL Schale von der Orange abreiben. Den Joghurt mit 1 Prise Salz, der Orangenschale, dem Vanillemark und 50 g Honig verrühren. 80 g Himbeeren unterheben.

2 Ein Sieb mit einem Mulltuch auslegen und über eine Schüssel hängen. Die Joghurtmasse hineingeben und im Kühlschrank mindestens 12 Stunden abtropfen lassen.

3 Die Pistazien grob hacken. Restliche Himbeeren abspülen. Das Mulltuch vorsichtig aus dem Sieb heben. Dann das Bündel so wringen, dass die restliche Flüssigkeit herausläuft und der Joghurt zu einer Kugel geformt wird.

4 Das Labneh auf einen Teller geben und mit Himbeeren und Pistazien garnieren. Den restlichen Honig darüber geben und mit Knäckebrot servieren.

PRO PORTION: ca. 736 kcal | 24 g E | 29,5 g F | 89 g KH

ZUBEREITUNGSZEIT: 20 Minuten (zzgl. 12 Stunden Abtropfzeit)

Popcorn-Nuss-Granola

FÜR CA. 550 G GRANOLA

50 g Kokosöl
30 g Popcornmais
Salz
50 g ganze Haselnüsse
40 g Kokosraspel
100 g Mandelblättchen
200 g Haferflocken (kernig)
2 TL Zimt
2 EL Sesam
100 ml Ahornsirup

1 Den Backofen auf 160 Grad Ober-/Unterhitze vorheizen. 2 TL Kokosöl in einem Topf zerlassen, die Maiskörner zugeben und den Topf fest verschließen. Nachdem etwa die Hälfte der Körner aufgepoppt ist, den Topf vom Herd nehmen. Die übrigen Körner in der Restwärme aufpoppen lassen. Wenn keine Geräusche mehr zu hören sind, ist das Popcorn fertig. Mit Salz würzen und auskühlen lassen.

2 Das restliche Kokosöl erwärmen. Die Haselnüsse grob hacken und mit den Kokosraspeln, Mandelblättchen, Haferflocken, Zimt, Sesam, Ahornsirup und 1 Prise Salz mischen.

3 Ein Backblech mit Backpapier auslegen. Das Granola gleichmäßig darauf verteilen und ca. 25 Minuten goldbraun rösten. Das Granola alle 10 Minuten durchrühren. 5 Minuten vor Garzeitende das Popcorn untermischen und mitrösten.

4 Das geröstete Granola vollständig auskühlen lassen und danach in einem luftdichten Glas mit Deckel aufbewahren.

TIPP: Zum Servieren 150 g Joghurt (3,5% Fett) in eine Schüssel geben und mit ca. 50 g Granola, 1 EL Honig und jeweils 10 Heidelbeeren und Brombeeren garniert servieren.

PRO PORTION (50 G): ca. 265 kcal | 6,3 g E | 17,5 g F | 21 g KH

ZUBEREITUNGSZEIT: ca. 20 Minuten (zzgl. ca. 30 Minuten Garzeit)

#reifeleistung

DAS ERFOLGSREZEPT VON SEBASTIAN BRENDEL, KANURENNSPORTLER

„Quark hat einen hohen Anteil an hochwertigem Eiweiß für einen effektiven Muskelaufbau. Nach dem Training greife ich deshalb oft zu Quark mit Beeren. Aber das wird auf Dauer langweilig. Die Quark-Pancakes sind eine feine Alternative, weil sie Eiweiß mit den komplexen Kohlenhydraten aus den Haferflocken verbinden. Die Banane und der Honig füllen außerdem meine Energiespeicher auf."

SEINE GRÖSSTEN ERFOLGE
- Olympiasieger 2012 und 2016 im Canadier-Einer
- Olympiasieger 2016 im Canadier-Zweier
- Mehrfacher Welt- und Europameister

3 FRAGEN AN SEBASTIAN

Welche Rolle spielt Ernährung für dich?
„Ernährung spielt im Leistungssport eine große Rolle. Man merkt im Training, was die letzte Mahlzeit war und ob man viel Kraft hat. Ich achte also schon darauf, was ich esse. Viel Eiweiß, viel Gemüse und gute Kohlenhydrate. Dann kann man sich auch mal die ein oder andere Nascherei mit den Kindern gönnen."

Apropos Kinder: Schmecken deinen Kindern die Bananen-Pancakes?
„Auf jeden Fall, denn sie sind mindestens genauso gut – wenn nicht sogar leckerer – wie die Klassiker aus Amerika. Zudem punkten diese hier zusätzlich mit ausgewogenen Zutaten und versorgen die Kids mit der nötigen Power."

Hast du aktuell ein Lieblingsgericht?
„Direkt vor den Toren von Potsdam, wo ich lebe, wächst im märkischen Sandboden der leckere Beelitzer Spargel, den ich am liebsten mit zerlassener Butter esse."

Bananen-Pancakes
mit Heidelbeer-Nuss-Topping

FÜR 4 PORTIONEN

1 Banane
½ Bio-Zitrone
250 g Quark (Magerstufe)
4–5 EL Milch
3 Eier (Größe M)
100 g Haferflocken (zart)
1 Pckg. Backpulver
Salz
5 EL Sonnenblumenöl
4 EL gehackte Haselnüsse
4 EL Kokosraspel
2 EL Honig
2–3 EL Joghurt (3,5% Fett)
150 g Heidelbeeren

1 Die Banane schälen und mit einer Gabel zerdrücken. Die Zitrone heiß abwaschen und die Schale abreiben.

2 150 g Magerquark mit der Milch und den Eiern mithilfe eines Handrührgeräts cremig schlagen. Haferflocken, Backpulver sowie 1 Prise Salz vermischen und nach und nach einrieseln lassen. Bananenmus und Zitronenabrieb unterheben.

3 Den Backofen auf 100 Grad Umluft erhitzen. Dann 2 EL Sonnenblumenöl in einer beschichteten Pfanne erhitzen und mit einer Kelle jeweils 2–3 kleine Portionen Teig gleichzeitig hineingeben. Für 2–3 Minuten von jeder Seite goldbraun braten. Dann herausnehmen und im Ofen warm halten. Erneut Sonnenblumenöl hinzufügen und den Pancake-Teig wie zuvor verbrauchen.

4 Die Haselnüsse, die Kokosraspel und den Honig in die noch heiße Pfanne geben und unter ständigem Rühren kurz anrösten.

5 Den restlichen Quark mit dem Joghurt glatt rühren. Die Heidelbeeren waschen und unterheben. Mit den gerösteten Haselnüssen und Kokosraspeln vermengen und als Topping zu den Pancakes servieren.

PRO PORTION: ca. 662 kcal | 22,5 g E | 46 g F | 39,5 g KH

ZUBEREITUNGSZEIT: ca. 30 Minuten

Mohnwaffeln
mit Trauben & Joghurt

FÜR 2 PORTIONEN

2 EL Mohn
130 g Vollkornmehl
1 TL Backpulver
½ TL Zimt
30 g Haferflocken (kernig) + einige zum Anrichten
Salz
90 g weiche Butter
6 EL Honig
2 Eier (Größe M)
100 ml Milch
1 EL Pflanzenöl (z. B. Sonnenblumen- oder Rapsöl)
120 g dunkle Trauben (kernlos)
4 EL Joghurt (3,5% Fett)

Utensilien
Waffeleisen

1 Den Mohn in einer Pfanne ohne Fett rösten und abkühlen lassen. Danach mit Mehl, Backpulver, Zimt, Haferflocken und 1 Prise Salz mischen. 80 g Butter sowie 4 EL Honig mit den Quirlen des Handrührgeräts aufschlagen und die Eier nacheinander dazugeben. Die Milch und die Mehlmischung kurz unterrühren.

2 Ein Waffeleisen vorheizen und leicht mit Öl einfetten. Etwas Teig hineingeben und 3–4 Minuten goldbraun backen. Die fertige Waffel auf einem Kuchengitter abkühlen lassen und aus dem restlichen Teig weitere Waffeln backen.

3 Währenddessen die Trauben abspülen und von den Rispen zupfen. Die restliche Butter in einer Pfanne erhitzen und die Trauben darin bei mittlerer Hitze ca. 5 Minuten braten, bis sie anfangen aufzuplatzen. Nach 4 Minuten den restlichen Honig zugeben und vorsichtig durchschwenken.

4 Die Waffeln auf zwei Tellern anrichten. Je 1 Klecks Joghurt daraufgeben und mit ein paar Trauben belegen. Mit einigen Haferflocken garnieren.

PRO PORTION: ca. 1.061 kcal | 24 g E | 64 g F | 97,5 g KH

ZUBEREITUNGSZEIT: ca. 30 Minuten

Jacqueline Lölling, Skeletonpilotin, Olympia-Silber 2018
„Die Waffeln sind für eine Honig-Liebhaberin wie mich das optimale Rezept zum Kaffee am Sonntag oder eine süße Frühstücksalternative. Auch toll: Ahornsirup statt Honig – süß, ausgewogen und lecker!"

Buchweizen-Waffeln
mit Graved Lachs & Avocado

FÜR 2 PORTIONEN

60 g Butter
50 g Dinkelvollkornmehl
75 g Buchweizenmehl
½ TL Backpulver
Salz, Pfeffer
50 g Gouda (mittelalt)
2 Eier (Größe M)
50 ml Milch
½ Bund Schnittlauch
150 g Joghurt (3,5% Fett)
½ Avocado
2 EL Pflanzenöl (z. B. Sonnenblumen- oder Rapsöl)
ca. 125 g Graved Lachs (alternativ Räucherlachs)

Utensilien
Waffeleisen

1 Für den Waffelteig die Butter zerlassen. Das Dinkelmehl mit dem Buchweizenmehl, dem Backpulver und 1 kräftigen Prise Salz mischen. Danach den Gouda reiben und unter das Mehl mischen. Die Eier mit den Quirlen des Handrührgeräts kurz aufschlagen. Danach die Mehlmischung, die Butter und die Milch unterrühren, sodass ein glatter Teig entsteht. Im Anschluss den Teig 10 Minuten lang quellen lassen.

2 Inzwischen den Schnittlauch waschen, in Röllchen schneiden und die Hälfte davon unter den Joghurt mischen. Mit Salz und Pfeffer abschmecken. Die Avocado entkernen und die Schale entfernen. Das Fruchtfleisch in feine Spalten schneiden und mit Salz und Pfeffer würzen.

3 Das Waffeleisen vorheizen und mit Öl einfetten. Jeweils 1 kleine Schöpfkelle Teig hineingeben und 3–4 Minuten goldbraun backen. Die fertige Waffel auf einem Kuchengitter abkühlen lassen und aus dem restlichen Teig weitere Waffeln backen.

4 Die Waffeln mit dem Joghurt anrichten. Den Lachs in Stücke zupfen und zusammen mit den Avocadospalten, einigen Tropfen Öl und dem restlichen Schnittlauch darauf anrichten.

PRO PORTION: ca. 991 kcal | 35,5 E | 71 g F | 53,5 g KH

ZUBEREITUNGSZEIT: ca. 40 Minuten

SPORTLER-TIPP

Benedikt Doll, Biathlet, 2x Olympia-Bronze 2018
„Ernährung ist ein wichtiger Bestandteil im Leistungsmix. Um das Optimum herauszuholen, muss ich meinem Körper alle Nährstoffe zur Verfügung stellen. Das klappt z. B. mit diesen Waffeln oder einem Buchweizensalat. Als Alternative zur Avocado empfehle ich eingelegte Artischocken."

Bunte Smoothies
mit Spinat, Beeren & Mango

FÜR 2 PORTIONEN

Ananas & Spinat
50 g Babyspinat
30 g Grünkohl
1 Banane
250 g Ananas
250 ml Pflanzenmilch
(nach Belieben Hafermilch, Reismilch oder Dinkelmilch)
1 TL Sesam (geröstet)

Brombeeren & Basilikum
2 Bananen
150 g Brombeeren
2 EL Haferflocken (zart)
4 Basilikumblätter
250 ml Pflanzenmilch
(nach Belieben Hafermilch, Reismilch oder Dinkelmilch)
1 TL Pistazienkerne (gehackt)

Mango & Ingwer
1½ Bio-Orangen
1 Mango
1 Stück Ingwer
2 Medjool-Datteln
250 ml Kokosmilch
¼ TL Kurkuma
Pfeffer

1 ANANAS-SMOOTHIE MIT SPINAT
Den Spinat und den Grünkohl abspülen und grob hacken. Danach die Banane und die Ananas schälen. Das Obst zusammen mit dem Spinat, dem Grünkohl und der Pflanzenmilch in einem Standmixer fein pürieren. Den Smoothie in zwei große Gläser füllen und mit Sesam bestreut sofort servieren.

2 BROMBEER-SMOOTHIE MIT BASILIKUM
Zunächst die Bananen schälen und die Brombeeren abspülen. Die Bananen zusammen mit den Brombeeren, den Haferflocken, 2 Basilikumblättern und der Pflanzenmilch in den Standmixer geben und alles fein pürieren. Den fertigen Smoothie in zwei große Gläser füllen. Mit den gehackten Pistazien bestreuen und mit jeweils 1 Basilikumblatt garnieren.

3 MANGO-SMOOTHIE MIT INGWER
Die Orangen gut abspülen. ½ TL Schale davon abreiben und zur Seite stellen. Die Orangen und die Mango schälen und das Fruchtfleisch würfeln. Dann den Ingwer schälen und fein hacken. Die Datteln entkernen und klein schneiden. Danach zusammen mit Orangen, Mango, Ingwer, Kokosmilch und Kurkuma fein pürieren. Alles in zwei große Gläser füllen. Etwas Pfeffer und die abgeriebene Schale daraufgeben.

TIPP: Für glutenfreie Smoothies nehmen Sie Reismilch.

PRO PORTION:
Ananas & Spinat ca. 232 kcal | 7 g E | 6 g F | 35,5 g KH
Brombeeren & Basilikum ca. 310 kcal | 9,5 g E | 10,5 g F | 42,5 g KH
Mango & Ingwer ca. 249 kcal | 3,5 g E | 2 g F | 51,5 g KH

ZUBEREITUNGSZEIT: jeweils ca. 15 Minuten

#reifeleistung

DAS ERFOLGSREZEPT VON ORNELLA WAHNER, BOXERIN

„Die Banane ist ein Allrounder, der schnell Energie liefert, denn in ihr stecken viele Kohlenhydrate, aber auch Vitamine, Ballaststoffe und Antioxidantien. Zudem schmeckt sie besonders gut. Ich habe sie zwar noch nie in einem herzhaften Gericht probiert, muss aber nun sagen: Es passt bombastisch. Das werde ich jetzt garantiert öfter nachkochen. Die Banane hat es somit geschafft, auf meiner Liste der Must-have-Lebensmittel noch weiter nach oben zu rücken."

IHRE GRÖSSTEN ERFOLGE
- Weltmeisterin 2018 bis 57 kg
- Mehrfache Deutsche Meisterin

3 FRAGEN AN ORNELLA

Wie bist du zum Boxen gekommen?
„Ich habe mir mit meinem Papa immer Boxen im Fernsehen angesehen und wollte es deswegen unbedingt selbst ausprobieren. Sehr schnell habe ich dann gemerkt, dass dieser Sport meine große Liebe ist und ich mir nichts Schöneres für mein Leben vorstellen kann."

Worauf achtest du beim Essen, um dich fit zu halten?
„Ich gebe besonders darauf acht, dass ich unverarbeitete Lebensmittel kombiniere. Außerdem passe ich meine Ernährung an meine Trainingseinheiten und meinen weiblichen Zyklus an. Ich finde es spannend, Dinge an mir selbst auszutesten und zu merken, wie viel man an sportlicher Leistung durch die passende Ernährung noch rausholen kann."

Du sagst, du isst gerne Süßes – wie viel darf man als Sportler naschen?
„Ich sage immer: Finde die richtige Balance. Wer auf eine ausgewogene Ernährung achtet, den wird auch ein Stück Schokolade nicht aus der Bahn werfen. Wenn ich besonders viel Lust auf Süßes habe, greife ich alternativ auch gerne zu Trockenobst oder Nüssen. Nur bei Peanut Butter Cups werde ich schwach – absolute Liebe."

Bananen-Omelett
Herzhaft & süß

FÜR JE 4 PORTIONEN

Bananen-Omelett, herzhaft
2 Bananen
8 Eier (Größe M)
8 EL Haferflocken (zart)
8 EL Mandelmilch
Muskatnuss
Salz, Pfeffer
400 g Hähnchenbrustfilet
4 EL Rapsöl
½ TL Paprikapulver (edelsüß)
½ TL Curry
1 Papaya
1 Avocado
1 Frühlingszwiebel
½ Bund Koriander

Bananen-Omelett, süß
2 Bananen
8 Eier (Größe M)
8 EL Haferflocken (zart)
8 EL Mandelmilch
1 Vanilleschote
60 g gehackte Mandeln
100 g Heidelbeeren
200 g rote Trauben
2 EL Rapsöl
80 g Mandelmus

1 Für das **herzhafte Omelett** die Bananen in dünne Scheiben schneiden. Die Eier mit einer Gabel in einer Schüssel verquirlen. Die Haferflocken mit der Mandelmilch dazugeben und verrühren. Alles mit Muskatnuss, Salz und Pfeffer würzen.

2 Die Hähnchenbrust unter fließendem Wasser abspülen, trocken tupfen und in mundgerechte Streifen schneiden. 2 EL Rapsöl in einer beschichteten Pfanne erhitzen und die Hähnchenstreifen darin goldbraun braten. Anschließend mit Salz, Pfeffer, Paprikapulver sowie Curry würzen, herausnehmen und warm halten.

3 Die Papaya längs halbieren und mit einem Löffel entkernen. Das Fruchtfleisch vorsichtig aus der Schale lösen und in mundgerechte Würfel schneiden. Die Avocado halbieren, entkernen, dann das Fruchtfleisch herauslösen und in Scheiben schneiden. Die Frühlingszwiebel waschen, putzen und in feine Röllchen schneiden. Den Koriander ebenfalls waschen, trocken schütteln und die Blätter abzupfen.

4 Danach die Eiermasse im heißen Rapsöl nacheinander zu 4 Omeletts ausbacken. Dabei jeweils nach 2 Minuten einige Bananenscheiben auf dem Omelett verteilen und mitbacken. Zum Schluss mit den Hähnchenbrustfiletstreifen, der Papaya, der Avocado, der Frühlingszwiebel und dem Koriander garniert servieren.

1 Für das **süße Omelett** die Bananen in dünne Scheiben schneiden. Die Eier mit einer Gabel in einer Schüssel verquirlen. Dann die Haferflocken mit der Mandelmilch dazugeben und verrühren. Anschließend die Vanilleschote der Länge nach aufschneiden, das Mark herauskratzen und zur Eiermasse geben.

2 Die Mandeln ohne Öl in einer beschichteten Pfanne goldbraun rösten. In der Zwischenzeit die Heidelbeeren und die Trauben waschen.

3 Die Eiermasse im heißen Rapsöl nacheinander zu 4 Omeletts ausbacken. Dabei jeweils nach 2 Minuten einige Bananenscheiben auf dem Omelett verteilen und mitbacken. Die Omeletts mit den Heidelbeeren, den Trauben und den gerösteten Mandeln toppen. Mit Mandelmus garnieren und servieren.

PRO PORTION:
Herzhaft ca. 781 kcal | 46,9 g E | 41,1 g F | 55,8 g KH
Süß ca. 691 kcal | 27,1 g E | 43,6 g F | 47,5 g KH

ZUBEREITUNGSZEIT: jeweils ca. 20 Minuten

Erbsen-Omelett
mit Ziegenkäse & Radieschen

FÜR 2 PORTIONEN

4 EL Dill
6 Radieschen
1 Bio-Zitrone
4 Eier (Größe M)
3 EL Schlagsahne
Salz, Pfeffer
3 TL Butter
100 g Erbsen (TK, aufgetaut)
100 g Ziegenweichkäse
1 TL Olivenöl

1 Den Dill grob hacken. Die Radieschen abspülen, putzen und in dünne Scheiben hobeln. Die Zitrone waschen und 1 TL Schale abreiben.

2 Für das Omelett die Eier trennen und die Eigelbe mit der Sahne verquirlen. Die Eiweiße unter Zugabe von 1 Prise Salz mit dem Handrührgerät steif schlagen. Den Eischnee unter die Eigelbmasse heben. Mit etwas Pfeffer würzen.

3 1 TL Butter in einer kleinen beschichteten Pfanne (ca. 20 cm Ø) zerlassen. Etwa ¼ der Erbsen sowie ¼ der Radieschen zufügen und 2 Minuten bei mittlerer Hitze braten. Die Hälfte der Eimasse daraufgeben. Zugedeckt 4–5 Minuten stocken lassen. Das Omelett mithilfe eines Tellers wenden und 1–2 Minuten weitergaren, bis die Eimasse gestockt ist. Auf einen Teller gleiten lassen und zugedeckt warm halten.

4 Auf diese Weise ein weiteres Omelett zubereiten. Gleichzeitig in einer weiteren Pfanne die restliche Butter zerlassen und die übrigen Erbsen darin bei mittlerer Hitze ca. 5 Minuten braten.

5 Den Ziegenkäse leicht zerbröseln und zusammen mit den restlichen Radieschenscheiben und gebratenen Erbsen auf den Omeletts anrichten. Dill und Zitronenschale gleichmäßig darauf verteilen. Mit Salz sowie Pfeffer würzen und mit Olivenöl beträufelt servieren.

PRO PORTION: ca. 573 kcal | 32 g E | 45 g F | 11,5 g KH

ZUBEREITUNGSZEIT: ca. 30 Minuten

Laura Lindemann, Triathletin, Europameisterin Sprintdistanz 2017
„Dieses Omelett auf einer leckeren Scheibe Brot – und fertig ist mein perfektes Sonntagsfrühstück. Das gibt mir genug Energie für die nächste Trainingseinheit und liegt trotzdem nicht schwer im Magen."

Geröstete Brote
mit dreierlei Aufstrichen

FÜR JE 2 PORTIONEN

1 EL Butter
2 Scheiben Bauernvollkornbrot

Eiersalat & Radieschen

3 Eier (Größe M)
3 Radieschen
2 EL Dill
1 TL Senf (körnig)
2 EL Crème fraîche
Salz, Pfeffer

Grapefruit & Avocado

1 Grapefruit
1 Avocado
Salz, Pfeffer
60 g Camembert
3 EL Gartenkresse

Ziegenfrischkäse & Gurke

4 getrocknete Tomaten (in Öl)
80 g Ziegenfrischkäse
½ Mini-Salatgurke
Salz, Pfeffer
2 TL Olivenöl

Die Butter in einer Pfanne bei mittlerer Temperatur zerlassen. Die Brotscheiben darin von beiden Seiten knusprig rösten.

1 VOLLKORNBROT MIT EIERSALAT & RADIESCHEN
Die Eier ca. 8 Minuten wachsweich kochen. Mit kaltem Wasser abschrecken, pellen und etwas abkühlen lassen. Inzwischen die Radieschen abspülen, putzen und in feine Scheiben hobeln. Den Dill grob hacken. Die Eier klein schneiden und in einer Schüssel mit Senf sowie Crème fraîche mischen. Mit Salz und Pfeffer würzen. Das geröstete Brot zuerst mit den Radieschenscheiben, dann mit dem Eiersalat belegen. Mit Dill bestreut servieren.

2 VOLLKORNBROT MIT GRAPEFRUIT & AVOCADO
Zunächst die Grapefruit schälen. Dann die einzelnen Segmente mit einem Messer zwischen den Trennwänden einschneiden und herauslösen. Die Avocado halbieren, den Kern herauslösen und das Fruchtfleisch mit einem Löffel aus der Schale heben. Die Avocado auf das geröstete Brot geben und mit einer Gabel zerdrücken. Mit Salz und Pfeffer würzen. Den Camembert in ca. 5 mm dicke Scheiben schneiden und auf die Avocado geben. Danach die Grapefruitfilets auf den Broten verteilen. Mit etwas Salz und Pfeffer würzen. Mit Kresse bestreut servieren.

3 VOLLKORNBROT MIT ZIEGENFRISCHKÄSE & GURKE
Die Tomaten etwas abtropfen lassen und vierteln. Den Ziegenfrischkäse gleichmäßig auf dem gerösteten Brot verteilen. Die Gurke abspülen und mit einem Sparschäler der Länge nach in feine Streifen hobeln (alternativ mit einem Messer in dünne Scheiben schneiden). Die Gurken locker abwechselnd mit den Tomaten auf das Brot legen. Abschließend mit etwas Salz sowie Pfeffer würzen und mit Öl beträufelt servieren.

PRO PORTION:
Brot mit Eiersalat & Radieschen ca. 247 kcal | 15 g E | 15,5 g F | 12,5 g KH
Brot mit Grapefruit & Avocado ca. 390 kcal | 9 g E | 28 g F | 23,5 g KH
Brot mit Ziegenkäse & Gurke ca. 161 kcal | 6,5 g E | 9 g F | 15 g KH

ZUBEREITUNGSZEIT: jeweils ca. 15 Minuten

#reifeleistung

DAS ERFOLGSREZEPT VON RAMONA HOFMEISTER, SNOWBOARDERIN

„Ich liebe Couscous, kenne es aber eigentlich nur als klassischen orientalischen Couscous-Salat. Dieser süße Couscous-Auflauf mit Vanille und viel Protein ist mal etwas ganz anderes. Er wärmt mich nach langen Einheiten auf dem Board von innen auf und versorgt mich mit allen wichtigen Nährstoffen. Wenig Fett, viele Ballaststoffe und eine gute Kohlenhydratquelle: Couscous ist für mich als Sportlerin ein echtes Superfood. Und auch wenn ich nicht aufs Snowboard steige, tut er mir gut: 100 Gramm decken ca. 40 Prozent unseres Selenbedarfs – und wirken damit für meine Haare und Nägel wie eine Intensiv-Kur von innen. Es ist toll, wenn leckere Speisen gleichzeitig auch noch ausgewogen sind, dann kann man sie voll genießen."

IHRE GRÖSSTEN ERFOLGE

- WM-Bronze 2019 im Parallelslalom
- Bronze bei den Olympischen Winterspielen 2018 im Parallel-Riesenslalom
- 3. Platz im Parallel-Weltcup 2017/18

3 FRAGEN AN RAMONA

Es heißt, du liebst es zu backen. Wie ist es denn zu dieser Leidenschaft gekommen?
„Das liegt bei mir in der Familie. Mein Opa hat eine Bäckerei, die mein Onkel übernommen hat. In den Ferien war ich oft dort und habe mir ein paar Tricks abgeschaut. Wenn ich nervige Sachen machen muss, Koffer packen zum Beispiel, dann lege ich manchmal alles beiseite und backe erst einmal etwas."

Das Backen beruhigt dich?
„Ja. Als wir zu den Olympischen Spielen geflogen sind, war ich sehr aufgeregt. Um runterzukommen, habe ich vor dem Flug tatsächlich noch was gebacken."

Was backst du am liebsten und was würdest du gern mal ausprobieren?
„Ich mag gern klassische Rezepte mit dem gewissen Etwas. Ich habe zum Beispiel ein Lebkuchenrezept von meiner Oma geerbt, bei dem der Teig mit Croissants zubereitet wird. Außerdem gibt es bei mir oft Muffins in allen Variationen, die gehören zum traditionellen Sonntagsfrühstück mit meiner Familie einfach dazu. In der Küche probiere ich überhaupt gern Neues aus."

Couscous-Auflauf
mit frischen Früchten

FÜR 4 PORTIONEN

1 Vanilleschote
200 ml Mandelmilch
200 g Couscous
2 Bananen
2 Bio-Orangen
1 Granatapfel
100 g Joghurt (3,5% Fett)
250 g Quark (Magerstufe)
1½ EL Reissirup
60 g ganze Mandeln

1 Zunächst die Vanilleschote halbieren und das Mark herauskratzen. Dann 150 ml Wasser und die Mandelmilch mit dem Vanillemark in einem Topf zum Kochen bringen. Den Couscous damit übergießen und ca. 4–5 Minuten quellen lassen.

2 In der Zwischenzeit die Bananen schälen und in dünne Scheiben schneiden. Die Orangen abwaschen, trocken tupfen und ca. 3 EL Orangenschale abreiben. Dann die Orangen filetieren. Den Granatapfel halbieren und die Kerne herauslösen.

3 Den Backofen auf 180 Grad Ober-/Unterhitze (160 Grad Umluft) vorheizen. Den Joghurt, den Quark, die Orangenschale sowie den Reissirup miteinander verrühren und unter den Couscous heben. Alles in eine kleine Auflaufform geben und mit den Bananen- und Orangenscheiben belegen. Die Mandeln darüber verteilen und 15 Minuten auf mittlerer Schiene backen. Den Couscous-Auflauf aus dem Ofen nehmen, kurz abkühlen lassen und mit Granatapfelkernen garniert servieren.

PRO PORTION: ca. 450 kcal | 20 g E | 10 g F | 66 g KH

ZUBEREITUNGSZEIT: ca. 35 Minuten

WEITERE REZEPTE UNTER WWW.EDEKA.DE/REIFELEISTUNG

Mittagessen
Energie für die zweite Hälfte

Wie ein Stabhochspringer oben über der Latte befinden wir uns jetzt am Scheitelpunkt des Tages. Die Energietanks, die wir im Laufe des Vormittags geleert haben, müssen wir nun wieder auffüllen, um gestärkt in die zweite Hälfte zu gehen.

Das schafft ein ausgewogenes und leckeres Mittagessen. Wie viel Power es bringt, liegt in Ihrer Hand. Oder besser, auf Ihrem Teller. Gerade zur Mittagszeit können wir reichlich essen, da der Körper noch ausreichend Zeit hat, um die Kalorien zu verarbeiten.

Knackiger Salat, viel Gemüse, dazu Fisch oder Fleisch sowie Reis-, Kartoffel- und Nudelgerichte tun uns jetzt besonders gut. Die Kombination aus Proteinen, komplexen Kohlenhydraten und Fetten, die reich an ungesättigten Fettsäuren sind, macht satt, ohne schwer im Magen zu liegen. Achten Sie zudem darauf, mittags warme Mahlzeiten zu sich zu nehmen, so kann der Körper das Essen besser verdauen.

Mit unseren würzigen Pancakes und bunter Pasta sowie köstlichen Fisch- und Fleischgerichten legen Sie eine Spitzen-Grundlage für Höhenflüge in der zweiten Tageshälfte!

Hackbällchen
mit Kürbis, Apfel & Salat

FÜR 2 PORTIONEN

3 EL rote Linsen
1 Schalotte
1 Knoblauchzehe
40 g Feta
½ Hokkaido-Kürbis
200 g Rinderhack
2 EL Senf (mittelscharf)
Salz, Pfeffer
½ Apfel (z. B. Granny Smith)
2 TL Olivenöl
4 große Blätter Römersalat
2 EL Pflanzenöl (z. B. Sonnenblumen- oder Rapsöl)
½ TL Kurkuma
100 ml Sahne
1 TL Speisestärke
½ Bund glatte Petersilie

1 Für die Hackbällchen die Linsen nach Packungsangabe weich kochen und auskühlen lassen. Währenddessen die Schalotte und den Knoblauch schälen. Die Schalotte fein würfeln und den Knoblauch pressen. Den Feta fein zerbröseln. 50 g Kürbis grob raspeln und zusammen mit der Schalotte, dem Knoblauch, dem Feta, dem Hackfleisch, dem Senf und den Linsen in eine Schüssel geben. Mit Salz und Pfeffer würzen. Die Zutaten mit den Händen kräftig verkneten, dann kalt stellen.

2 Für den Salat den restlichen Kürbis dünn hobeln. Den Apfel abspülen, das Kerngehäuse entfernen und die Frucht ebenfalls dünn hobeln. Beides mit dem Olivenöl mischen und mit Salz sowie Pfeffer würzen, dann beiseitestellen.

3 Den Römersalat abspülen, die Blätter jeweils einmal quer und der Länge nach halbieren. Hackmasse zu Bällchen formen. 1 EL Pflanzenöl in einer großen Pfanne erhitzen. Die Hackbällchen darin 5 Minuten rundum kräftig anbraten, dann herausnehmen. Übriges Öl in die Pfanne geben und den Römersalat darin kurz bei starker Hitze schmoren lassen, dann herausnehmen. Danach das Kurkumapulver in die Pfanne geben und im Öl kurz rösten. Sahne mit 80 ml Wasser zugießen und aufkochen lassen. Die Speisestärke mit 1 EL Wasser glatt rühren und dann unter Rühren zur Sahne geben. Die Hackbällchen in die Pfanne legen und 3–5 Minuten leicht köcheln lassen, bis sie gar sind. Den Römersalat untermischen. Mit Salz und Pfeffer würzen.

4 Die Hackbällchen mit der Sauce und dem gehobelten Salat auf zwei Tellern anrichten. Die Petersilie grob hacken und darüberstreuen.

PRO PORTION: ca. 749 kcal | 29 g E | 63 g F | 17,5 g KH

ZUBEREITUNGSZEIT: ca. 40 Minuten

Gegrillter Halloumi
mit Lauchsalat & Passionsfrucht

FÜR 2 PORTIONEN

2 Stangen Lauch
4 EL Pflanzenöl (z. B. Sonnenblumen- oder Rapsöl)
4 EL Orangensaft
Salz, Pfeffer
20 g Sonnenblumenkerne
60 g Mixed-Baby-Leaf-Salat (alternativ Babyspinat oder Rucola)
2 Passionsfrüchte
1 TL Senf (mittelscharf)
1 EL Honig
4 EL Olivenöl
400 g Halloumi (griechischer Grillkäse)

1 Den Backofen auf 180 Grad (Umluft 160 Grad) vorheizen. Die Lauchstangen der Länge nach halbieren und das Wurzelende abschneiden. Den Lauch vorsichtig abspülen, sodass die einzelnen Schichten nicht auseinanderfallen. Dann in ca. 7 cm lange Stücke schneiden und mit der Schnittfläche nach oben auf ein mit Backpapier belegtes Blech legen. Mit 2 EL Pflanzenöl und 2 EL Orangensaft beträufeln und mit Salz sowie Pfeffer würzen. Auf der zweiten Schiene von unten ca. 15 Minuten garen, bis der Lauch leicht gebräunt ist. 5 Minuten vor Ende der Garzeit die Sonnenblumenkerne auf das Backblech geben und mitrösten.

2 Inzwischen den Salat abspülen und trocken schütteln. Für das Dressing die Passionsfrüchte halbieren. Die Kerne mit dem Saft herauslöffeln, in eine Schüssel geben und mit Senf, Honig, dem restlichen Orangensaft sowie dem Olivenöl verrühren. Mit Salz und Pfeffer würzen. Den Lauch und die Sonnenblumenkerne aus dem Ofen nehmen, mit dem Salat mischen und auf zwei Tellern anrichten.

3 Zum Schluss den Halloumi quer in ca. 1 cm dicke Scheiben schneiden. Eine Grillpfanne stark erhitzen. Den Halloumi rundherum mit dem restlichen Pflanzenöl einpinseln und bei starker Hitze von beiden Seiten jeweils ca. 1 Minute grillen. Auf dem Salat anrichten und mit etwas Dressing beträufeln. Das restliche Dressing separat dazu servieren.

PRO PORTION: ca. 1.317 kcal | 53 g E | 107,1 g F | 33,9 g KH

ZUBEREITUNGSZEIT: ca. 20 Minuten

Bunte Ofenkartoffeln

FÜR 2 PORTIONEN

500 g Kartoffeln (mittelgroß, vorwiegend festkochend)
Salz, Pfeffer
2 Frühlingszwiebeln
1 Kugel Mozzarella (125 g)
2 Knoblauchzehen
6 EL Olivenöl
2 Tomaten
3 Blätter Radicchio

1 Die Kartoffeln gut abbürsten, abspülen und dann mit der Schale in Salzwasser gar kochen. Währenddessen den Backofen auf 180 Grad (Umluft 160 Grad) vorheizen. Die Frühlingszwiebeln abspülen, putzen und in feine Ringe schneiden. Den Mozzarella abtropfen lassen und in ca. 1 cm große Würfel schneiden.

2 Für das Knoblauchöl den Knoblauch schälen, pressen und mit dem Olivenöl mischen. Die Tomaten halbieren, entkernen und in ca. 1 cm große Würfel schneiden. Die Kartoffeln abgießen und auf einem mit Backpapier belegten Blech verteilen.

3 Die Kartoffeln mit einem Kartoffelstampfer andrücken, sodass sie aufplatzen. Anschließend mit Salz sowie Pfeffer würzen und mit dem Knoblauchöl beträufeln. Dann den Mozzarella, die Frühlingszwiebeln und die Tomaten darauf verteilen und die Kartoffeln in den Ofen geben. Auf der zweiten Schiene von unten ca. 10 Minuten backen, bis der Käse zerlaufen ist.

4 Währenddessen den Radicchio waschen, abtropfen lassen und in feine Streifen schneiden. Die Kartoffeln aus dem Ofen holen und mit dem Radicchio garniert sofort servieren.

PRO PORTION: ca. 801 kcal | 19 g E | 60 g F | 46 g KH

ZUBEREITUNGSZEIT: ca. 40 Minuten

Süßkartoffel-Rösti mit Ei

FÜR 2 PORTIONEN

300 g Kartoffeln (mehligkochend)
200 g Süßkartoffeln
Salz, Pfeffer
½ rote Zwiebel
50 g Rucola
4 EL Kokosöl (alternativ Sonnenblumen- oder Rapsöl)
2 Eier (Größe M)
4 EL Crème fraîche
1 EL Olivenöl

1 Für die Rösti beide Kartoffelsorten schälen und abspülen. Die Süßkartoffeln und die Hälfte der Kartoffeln grob reiben. Dann die restlichen Kartoffeln fein reiben. Alles in eine Schüssel geben, kräftig mit Salz würzen und 10 Minuten ziehen lassen. Inzwischen die Zwiebel schälen und in feine Ringe hobeln. Den Rucola abspülen und trocken schütteln.

2 Die Kartoffelmasse zwischen den Händen gut auspressen und mit etwas Pfeffer würzen. Die Flüssigkeit weggießen. Dann zwei beschichtete Pfannen erhitzen und je 2 EL Kokosöl hineingeben. Die Kartoffelmasse auf die beiden Pfannen verteilen und zu ca. 16 cm großen Rösti flach drücken. Von jeder Seite bei geringer bis mittlerer Hitze 4–5 Minuten goldbraun braten. Die Rösti vorsichtig wenden und weitere 3–4 Minuten zu Ende braten.

3 Parallel die Eier ca. 8 Minuten wachsweich kochen, dann kalt abschrecken und pellen. Die Rösti auf zwei Teller geben und mit Crème fraîche bestreichen. Die Eier halbieren, mit dem Rucola und den Zwiebeln auf den Rösti anrichten. Mit Salz sowie Pfeffer würzen und mit dem Olivenöl beträufeln.

PRO PORTION: ca. 744 kcal | 14,5 g E | 54 g F | 50 g KH

ZUBEREITUNGSZEIT: ca. 30 Minuten

#reifeleistung

DAS ERFOLGSREZEPT VON MARIE-LAURENCE JUNGFLEISCH, HOCHSPRINGERIN

„Meine Lieblingszutat ist die Aubergine. Sie ist vielseitig einsetzbar, quasi ein Allrounder unter den Gemüsesorten. Mit Auberginen lassen sich viele Low-Carb-Rezepte zaubern, die einfach, lecker und gesund sind. Die Ofen-Süßkartoffeln mit Auberginen-Mango-Ragout sind genau nach meinem Geschmack: Die Kombination aus süß und salzig ist einfach köstlich."

IHRE GRÖSSTEN ERFOLGE
- EM-Bronze 2018
- Platz 7 bei den Olympischen Spielen 2016
- Mehrfache Deutsche Meisterin

3 FRAGEN AN MARIE-LAURENCE

Wie ernährst du dich, um fit zu bleiben?
„Privat und im Sport hat die Ernährung einen sehr hohen Stellenwert für mich. Gerade als Hochspringerin ist es wichtig, sich ausgewogen zu ernähren und viel Gemüse, Obst sowie Eiweiß zu essen. Das Ei am Morgen darf also nicht fehlen."

Du arbeitest mit einer Ernährungsberaterin. Welches ist ihr wichtigster Tipp?
„Morgens und mittags keine Kohlenhydrate, also kein Frühstücksbrötchen mit Honig und kein Lunch mit Pesto-Spaghetti. Wenn die Freiluftsaison vorbei ist, halte ich mich aber nicht strikt an diese Regel. Man muss schließlich auch Spaß am Leben haben."

Du bist in Paris geboren. Was schätzt du an der französischen Küche?
„Als ich sechs war, sind wir nach Deutschland umgezogen. Aus meiner Kindheit kann ich mich deshalb am besten an leckere französische Crêpes erinnern – hauchdünn zubereitet und mit frischen Aprikosen und Schokoladensauce gefüllt."

Ofen-Süßkartoffeln
mit Auberginen-Mango-Ragout

FÜR 4 PORTIONEN

4 Süßkartoffeln
2 EL Sesamöl

Für die Füllung

1 Aubergine
1 Mango
1 Paprika (gelb)
1 Stück Ingwer
1 rote Zwiebel
1 Knoblauchzehe
250 g Kirschtomaten
1 EL Sesamöl
100 ml Mangosaft
1 TL Miso-Paste
1 TL Sojasauce
Salz
1 TL Paprikapulver (rosenscharf)
½ TL Kreuzkümmel

Für den Currydip

200 g Sauerrahm
100 g Joghurt (3,5% Fett)
1 TL Tahin
½ Bio-Zitrone
1 TL Curry
1 TL Kurkuma
Salz, Pfeffer

Außerdem

4 TL Sesam
½ Bund glatte Petersilie

1 Den Backofen auf 200 Grad (180 Grad Umluft) vorheizen. Die Süßkartoffeln waschen, mittig einschneiden, mit Sesamöl beträufeln und mehrfach mit einer Gabel einstechen. Auf einem mit Backpapier ausgelegten Blech 45–55 Minuten backen.

2 Für die Füllung die Aubergine waschen und die Endstücke abschneiden. Die Mango schälen und das Fruchtfleisch vom Kern schneiden. Dann Aubergine und Mango in kleine Würfel schneiden. Die Paprika waschen, Stiel und Kerne entfernen und in kleine Würfel schneiden. Den Ingwer schälen und fein raspeln. Die Zwiebel schälen und würfeln. Den Knoblauch schälen und pressen. Die Tomaten waschen und vierteln.

3 Das Sesamöl in einer beschichteten Pfanne erhitzen, die Aubergine darin 2 Minuten unter gelegentlichem Wenden anrösten. Zwiebel, Knoblauch, Ingwer sowie Paprika dazugeben und weitere 2 Minuten rösten. Mit dem Mangosaft und 100 ml Wasser ablöschen. Die Mangowürfel mit den Tomaten hinzufügen und alles weitere 10 Minuten bei geringer Hitze köcheln lassen. Mit Miso-Paste, Sojasauce, Salz, Paprikapulver und Kreuzkümmel abschmecken.

4 Für den Currydip den Sauerrahm mit Joghurt und Tahin glatt rühren. Die Zitrone unter heißem Wasser abspülen, trocken tupfen und die Schale zur Hälfte abreiben. Die Zitronenschale zusammen mit einem Spritzer Saft unter die Sauerrahmcreme rühren. Mit Curry, Kurkuma, Salz und Pfeffer abschmecken.

5 Den Sesam in einer beschichteten Pfanne ohne Zugabe von Öl goldbraun rösten. Die Petersilie waschen, trocken schütteln und die Blätter abzupfen. Die Füllung in die fertigen Süßkartoffeln geben und mit Sesam sowie Petersilie garnieren. Mit dem Dip servieren.

TIPP: Für eine glutenfreie Variante nehmen Sie Sojasauce, die nach traditioneller Methode hergestellt wurde.

PRO PORTION: ca. 737 kcal | 15 g E | 28 g F | 102,8 g KH

ZUBEREITUNGSZEIT: ca. 1 Stunde

Räucherforelle
mit Kartoffelpüree & Radieschen

FÜR 2 PORTIONEN

200 g Knollensellerie
400 g Kartoffeln (mehligkochend)
Salz, Pfeffer
1 EL Buchweizen
½ EL Mohn
1 Bund Radieschen
160 ml Vollmilch
20 g Butter
1 EL Pflanzenöl (z. B. Sonnenblumen- oder Rapsöl)
2 geräucherte Forellenfilets (à ca. 80 g)
2 EL Gartenkresse

1 Den Sellerie schälen und in ca. 3 cm große Stücke schneiden. Die Kartoffeln schälen, unter fließendem Wasser abspülen und ebenfalls in ca. 3 cm große Stücke schneiden. Danach mit dem Sellerie in einen Topf mit Salzwasser geben und ca. 15 Minuten weich kochen.

2 Inzwischen den Buchweizen mit dem Mohn in eine Pfanne geben und leicht rösten, bis sich der Buchweizen leicht hellbraun färbt und der Mohn duftet. Danach auskühlen lassen. Die Radieschen abspülen, putzen und die Hälfte davon vierteln. Die restlichen Radieschen dünn hobeln.

3 Die Milch mit der Butter langsam erhitzen. Währenddessen die Kartoffeln und den Sellerie abgießen, auf dem Herd ausdampfen lassen und sehr fein stampfen. Die warme Butter-Milch-Mischung unterrühren und mit etwas Salz würzen.

4 Das Öl in einer Pfanne erhitzen und die Radieschen darin bei mittlerer Hitze ca. 3–4 Minuten braten. Das Püree auf zwei Teller verteilen. Die Radieschen darauf anrichten. Die Forellenfilets grob in Stücke zupfen und auf das Püree legen. Mit der Kresse und der Buchweizen-Mohn-Mischung bestreuen. Abschließend mit etwas Pfeffer würzen.

PRO PORTION: ca. 502 kcal | 28,5 g E | 24 g F | 42 g KH

ZUBEREITUNGSZEIT: ca. 40 Minuten

SPORTLER-TIPP

Andreas Mies, Tennisspieler, French-Open-Sieger im Herrendoppel 2019
„Kartoffeln geben mir für meinen Sport genau die richtige Energie. Man kann sie in vielen Formen zubereiten und sie lassen sich mit sämtlichen Lebensmitteln prima kombinieren."

Gezupfter Lachs
mit Fenchel & Pasta

FÜR 2 PORTIONEN

400 g Lachsfilet
Salz, Pfeffer
½ Bio-Zitrone
4 EL Dill
2 EL Olivenöl
½ Bio-Orange
1 Fenchelknolle
10 Kirschtomaten
1 EL Pflanzenöl (z. B. Sonnen-
blumen- oder Rapsöl)
180 g Vollkornnudeln
50 g Mixed-Baby-Leaf-Salat
(alternativ Babyspinat
oder Rucola)
1 EL Senf (körnig)
2 EL Crème fraîche

1 Den Backofen auf 200 Grad (Umluft 180 Grad) vorheizen. Das Lachsfilet kalt abspülen und trocken tupfen, dann auf ein großes Stück Backpapier setzen. Mit Salz und Pfeffer würzen. Die Zitrone abspülen, in dünne Scheiben schneiden und zusammen mit 2 EL Dill auf den Fisch legen. Alles mit Olivenöl beträufeln. Dann das Backpapier von den Längsseiten her über dem Filet zusammenschlagen. Die Enden wie bei einem Geschenk zusammenfalten und unter das Päckchen klappen. Auf ein Backblech geben und auf der zweiten Schiene von unten ca. 25 Minuten garen.

2 Währenddessen die Orange abspülen. 2 TL von der Schale abreiben und 4 EL Saft auspressen. Den Fenchel und die Tomaten abspülen. Den Fenchel halbieren und den Strunk keilförmig herausschneiden. Die Fenchelhälften in ca. 5 mm dicke Spalten schneiden und mit den Tomaten, dem Orangenabrieb, 2 EL Orangensaft sowie dem Pflanzenöl mischen. Mit Salz und Pfeffer würzen. Das Gemüse nach 10 Minuten neben dem Fisch auf dem Backblech verteilen und mitgaren.

3 Die Nudeln in reichlich Salzwasser nach Packungsanleitung bissfest garen. Inzwischen den Salat abspülen und abtropfen lassen. Den Senf mit Crème fraîche und dem restlichen Orangensaft verrühren. Den Lachs und das Gemüse aus dem Ofen nehmen. Die Zitronenscheiben vom Fisch nehmen. Den Fisch mit einer Gabel grob zerzupfen und dann mit dem Fenchel, den Tomaten, dem Salat sowie den Nudeln vorsichtig mischen. Mit dem Dressing garnieren und mit Salz und Pfeffer würzen. Alles auf zwei Tellern anrichten und den restlichen Dill darüberstreuen.

PRO PORTION: ca. 885 kcal | 54 g E | 43 g F | 68,5 g KH

ZUBEREITUNGSZEIT: ca. 30 Minuten

Gefüllte Forelle
mit Rote-Bete-Karotten-Salat

FÜR 2 PORTIONEN

2 Regenbogenforellen (küchenfertig)
2 Bio-Zitronen
4 EL Pflanzenöl (z. B. Sonnenblumen- oder Rapsöl)
Salz, Pfeffer
4 Zweige Rosmarin
4 Zweige Thymian
½ Bund glatte Petersilie
20 g Pinienkerne
180 g Rote Bete
200 g Karotten
2 EL Senf (mittelscharf)
1 EL Ahornsirup
3 EL Olivenöl
¼ Granatapfel

Utensilien
Julienne-Hobel

1 Den Backofen auf 220 Grad (Umluft 200 Grad) vorheizen. Die Forellen von innen und außen gründlich unter fließend kaltem Wasser waschen und mit Küchenpapier trocken tupfen. 1 Zitrone abspülen und in Scheiben schneiden. Die Fische rundum mit je 1 EL Pflanzenöl einreiben. Außen und innen mit Salz sowie Pfeffer würzen und dann auf ein mit Backpapier ausgelegtes Blech legen. Die Bauchhöhlen mit Zitronenscheiben sowie jeweils zwei Rosmarin- und Thymianzweigen füllen. Die Petersilie grob hacken. Die Hälfte der Petersilie und das restliche Pflanzenöl auf den Fischen verteilen. Im Ofen auf der zweiten Schiene von unten ca. 20 Minuten garen.

2 Inzwischen die Pinienkerne in einer Pfanne ohne Fett rösten und dann herausnehmen. Den Saft von 1 Zitrone auspressen. Die Rote Bete und die Karotten abspülen und schälen. Beides mit einem Julienne-Hobel in feine Streifen hobeln oder mit einem Messer in sehr dünne Streifen schneiden. Danach in einer Schüssel mit dem Zitronensaft, dem Senf, dem Ahornsirup und dem Olivenöl gut vermengen, mit Salz sowie Pfeffer abschmecken. Die Granatapfelkerne aus der Schale lösen.

3 Die Forellen aus dem Ofen nehmen und mit dem Salat anrichten. Mit den Granatapfelkernen, den Pinienkernen und der restlichen Petersilie bestreut servieren.

TIPP: Wenn Sie keine küchenfertigen Forellen bekommen, dann nehmen Sie Forellenfilets und garen Sie diese bei niedriger Temperatur (ca. 100 Grad) 12–15 Minuten im Ofen.

PRO PORTION: ca. 1.030 kcal | 69 g E | 69 g F | 32 g KH

ZUBEREITUNGSZEIT: ca. 30 Minuten

SPORTLER-TIPP

Martin Grothkopp, Bobfahrer, Olympiasieger 2018 im Viererbob
„Fisch landet bei mir regelmäßig auf dem Tisch – vom Lachs bis zum Zander. Mein Tipp: Bei niedriger Temperatur zwischen 80–100 Grad mit gutem Olivenöl, Zitrone und Salz im Ofen garen."

Krabben auf Vollkornbrot

FÜR 2 PORTIONEN

40 g Rote Bete
½ Apfel (z. B. Elstar)
1 Zitrone
2 EL Crème fraîche
2 EL Olivenöl
Salz, Pfeffer
50 g Nordseekrabben (geschält)
1 kleines Stück Meerrettich
4 Scheiben Vollkornbrot
2 EL Gartenkresse

1 Für den Rohkostsalat die Rote Bete und den Apfel abspülen. Dann die Rote Bete schälen und grob raspeln. Den Apfel entkernen und ebenfalls grob raspeln. Die Zitrone auspressen.

2 Die Rote Bete und den Apfel mit 1 TL Zitronensaft, 1 TL Crème fraîche sowie 1½ EL Olivenöl in einer Schüssel mischen. Mit Salz und Pfeffer würzen.

3 Die Krabben kalt abspülen und gut abtropfen lassen. Den Meerrettich reiben.

4 Zum Servieren die Brotscheiben mit der restlichen Crème fraîche bestreichen. Den Rote-Bete-Salat und die Krabben darauf verteilen. Mit Kresse und Meerrettich bestreuen und mit dem restlichen Öl beträufeln.

PRO PORTION: ca. 327 kcal | 11 g E | 15 g F | 36,5 g KH

ZUBEREITUNGSZEIT: ca. 20 Minuten

Spinat-Pancakes mit Roter Bete

FÜR 2 PORTIONEN

150 g Babyspinat
150 ml Buttermilch
2 Eier (Größe M)
200 g Dinkel-Vollkornmehl
1 TL Backpulver
Salz, Pfeffer
40 g Rote Bete
3 Radieschen
50 g Zucchini
½ EL Zitronensaft
½ EL Senf (mittelscharf)
3 EL Olivenöl
4 EL Pflanzenöl (z. B. Sonnenblumen- oder Rapsöl)
100 g Crème fraîche
12 Brombeeren

Utensilien
Julienne-Hobel

1 Für die Pancakes den Spinat abspülen und gut abtropfen lassen. Dann mit der Buttermilch und den Eiern fein pürieren. Das Mehl mit dem Backpulver mischen und unter die Eiermasse rühren, sodass ein glatter Teig entsteht. Den Teig leicht salzen und 10 Minuten quellen lassen.

2 Für den Salat die Rote Bete, die Radieschen und die Zucchini waschen. Die Rote Bete schälen, die Radieschen putzen und das gesamte Gemüse mit dem Julienne-Hobel in feine Scheiben hobeln. Alles mit dem Zitronensaft, dem Senf und 2 EL Olivenöl vermengen. Mit Salz und Pfeffer würzen.

3 In der Zwischenzeit 1 EL Öl in einer großen beschichteten Pfanne erhitzen. Dann mithilfe von zwei Löffeln mehrere Häufchen des Teigs in die Pfanne geben und leicht flach drücken. Die Pancakes bei mittlerer Hitze von jeder Seite 2–3 Minuten braten, bis die Ränder gut gebräunt sind. Auf einen Teller geben und zugedeckt warm halten. So nacheinander insgesamt 12 Pancakes ausbacken.

4 Die fertigen Pancakes mit einem Klecks Crème fraîche und etwas Salat auf zwei Tellern anrichten. Mit den Brombeeren garnieren und mit dem restlichen Olivenöl beträufeln.

PRO PORTION: ca. 1.128 kcal | 28 g E | 79 g F | 76 g KH

ZUBEREITUNGSZEIT: ca. 30 Minuten

#reifeleistung

DAS ERFOLGSREZEPT VON REBEKKA HAASE, SPRINTERIN 100 M / 200 M / STAFFEL

„Gnocchi esse ich oft einfach mit einer Ricotta-Tomaten-Sauce aus dem Glas. Aber dieses Rezept ist genial. Es kombiniert die Zutaten, die ich am liebsten mag, so, dass sie super zueinanderpassen. Auch wenn es ein bisschen aufwendig ist, lohnt es sich, die Zeit zu investieren."

IHRE GRÖSSTEN ERFOLGE
- EM-Bronze mit der Staffel 2016 und 2018
- Platz 4 bei den Olympischen Spielen 2016 mit der Staffel
- Deutsche Meisterin 2014 und 2015 über 200 m
- Mehrfache Deutsche Hallenmeisterin über 200 m

3 FRAGEN AN REBEKKA

Welchen Stellenwert hat ausgewogene Ernährung für dich?
„Ich sehe meinen Körper wie einen sehr guten Freund und versuche, ihm nur das Beste zukommen zu lassen – nährstoffreiche Lebensmittel und viel Wasser. Manchmal sind die einfachsten Dinge eben die besten. Ich habe keinen strikten Ernährungsplan, weil ich ein gutes Bewusstsein dafür habe, was meinem Körper guttut und was nicht."

Bist du tatsächlich immer diszipliniert?
„Na ja, ganz ohne Schoki geht es mir nur halb so gut."

Du bist viel unterwegs. Vermisst du manchmal ein Gericht von zu Hause?
„Ja, klar. Ich komme aus Herold aus dem Erzgebirge. Ein Klassiker dort ist der Pellkartoffelsalat mit Zwiebeln, Gurken und Radieschen – lecker! In Sachsen isst man gern Kuchen und Torten und an Weihnachten führt natürlich kein Weg an einem echten Dresdner Christstollen vorbei."

Rote-Bete-Gnocchi
mit Garnelen & Minzpesto

FÜR 4 PORTIONEN

Für die Gnocchi
600 g Kartoffeln (mehligkochend)
400 g Rote Bete
100 g gemahlene Mandeln
100 g Hartweizengrieß
160 g Dinkelmehl (Type 630, + etwas mehr zum Ausrollen)
1 Ei (Größe M)
Salz

Für die Garnelenpfanne
180 g Black-Tiger-Garnelen (TK)
1 Zitrone
2 Frühlingszwiebeln
500 g Brokkoli
250 g Erbsen (TK)
2 EL Sesamöl
1 TL körnige Gemüsebrühe
Salz, Pfeffer

Für das Pesto
1 Bund Basilikum
½ Bund Minze
1 Bio-Zitrone
1 Knoblauchzehe
70 g Parmesan
150 ml Olivenöl

1 Den Backofen auf 200 Grad (Umluft 180 Grad) vorheizen. Die Kartoffeln putzen und mit der Schale ca. 20 Minuten gar kochen, dann abgießen und abkühlen lassen. Die Rote Bete putzen und mit der Schale auf einem mit Backpapier ausgelegten Blech 30–40 Minuten im Ofen weich garen. Anschließend die Rote Bete abkühlen lassen, schälen und würfeln. Die Mandeln ohne Zugabe von Öl bei mittlerer Hitze in einer beschichteten Pfanne goldbraun rösten und abkühlen lassen.

2 Die Kartoffeln pellen und mit der Roten Bete zu einem feinen Püree stampfen. Mit dem Hartweizengrieß, dem Mehl, den Mandeln, dem Ei und ½ TL Salz zu einem Teig verkneten. Diesen auf einer bemehlten Arbeitsfläche zu 2 cm dicken Rollen formen und in 1 cm lange Stücke schneiden. Dann mit der Gabel Rillen hineindrücken.

3 Die Garnelen auftauen lassen, schälen, unter fließendem Wasser abspülen und trocken tupfen. Die Zitrone über den Garnelen auspressen. Die Frühlingszwiebeln waschen, putzen und in Ringe schneiden. Die einzelnen Brokkoliröschen trennen, waschen und abtropfen lassen. Die Erbsen auftauen lassen. Das Sesamöl in einer beschichteten Pfanne erhitzen und die Garnelen 2–3 Minuten anbraten. Die Frühlingszwiebeln, den Brokkoli und die Erbsen hinzugeben. Weitere 3 Minuten bei mittlerer Hitze braten. Die Gemüsebrühe in 150 ml Wasser auflösen und in die Pfanne gießen. Alles 5–7 Minuten bei geschlossenem Deckel garen. Mit Salz und Pfeffer abschmecken.

4 Leicht gesalzenes Wasser in einem Topf zum Kochen bringen. Darin die Gnocchi köcheln lassen, bis sie an der Wasseroberfläche schwimmen. Mit einer Schaumkelle herausnehmen und abtropfen lassen.

5 Für das Pesto die Basilikum- und Minzblätter waschen, trocken tupfen und zerpflücken. Die Zitronenschale abreiben. Den Knoblauch schälen und fein hacken. Den Parmesan fein raspeln. Das Basilikum, die Minze, den Zitronenabrieb, das Olivenöl, den Knoblauch und den Parmesan mithilfe eines Pürierstabs fein pürieren.

6 Die Rote-Bete-Gnocchi mit den Garnelen und dem Gemüse anrichten. Mit dem Basilikum-Minz-Pesto garniert servieren.

PRO PORTION: ca. 1.255 kcal | 43 g E | 72 g F | 106 g KH

ZUBEREITUNGSZEIT: ca. 70 Minuten

Dinkelpasta
mit Tomaten-Dreierlei

FÜR 2 PORTIONEN

10 g Parmesan
½ TL Fenchelsamen
1 Knoblauchzehe
3 getrocknete Tomaten (in Öl)
1 EL Kapern (in Lake)
250 g gemischte Tomaten nach Belieben (Kirschtomaten, Ochsenherztomaten etc.)
200 g Dinkelspaghetti
Salz, Pfeffer
2 EL Olivenöl
150 ml stückige Tomaten
1 EL Ahornsirup
4 Blätter Basilikum
4 Blätter Minze

Utensilien

Mörser

1 Den Parmesan grob reiben. Die Fenchelsamen in einem Mörser etwas zerreiben. Den Knoblauch schälen und pressen. Die getrockneten Tomaten abtropfen lassen und würfeln. Die Kapern ebenfalls abtropfen lassen. Dann die frischen Tomaten abspülen, halbieren und den grünen Strunk entfernen. Die Tomaten in möglichst dünne Scheiben schneiden bzw. würfeln.

2 Die Dinkelspaghetti in reichlich Salzwasser nach Packungsanleitung bissfest garen. Währenddessen 1 EL Olivenöl in einem Topf erhitzen und die Fenchelsamen darin leicht rösten, bis sie duften. Den Knoblauch, die stückigen und die getrockneten Tomaten, die Kapern sowie den Ahornsirup zugeben und aufkochen lassen. Danach alles 3 Minuten bei mittlerer Hitze köcheln lassen. Die frischen Tomaten untermischen und nochmals kurz aufkochen lassen. Mit Salz und Pfeffer würzen.

3 Die Spaghetti abgießen und mit der Tomatensauce mischen. Die Pasta auf den Tellern anrichten und mit dem übrigen Olivenöl beträufeln. Das Basilikum sowie die Minze grob zerpflücken und darüberstreuen. Mit Parmesan garniert servieren.

PRO PORTION: ca. 603 kcal | 21 g E | 21 g F | 82 g KH

ZUBEREITUNGSZEIT: ca. 20 Minuten

Natalie Geisenberger (mehrfache Olympiasiegerin) und Dajana Eitberger (Olympia-Silber 2018), Rennrodlerinnen
„Pasta ist nicht nur superlecker, sondern versorgt uns besonders vor dem Wettkampf mit der nötigen Energie. Wir essen sie im Trainingslager und auf Wettkämpfen fast täglich – am liebsten mit Tomatensauce, Parmesan und frischem Salat."

Spinatnocken
mit Tomaten & Salbei

FÜR 2 PORTIONEN

1 Zwiebel
2 Knoblauchzehen
200 g Babyspinat
2 EL Pflanzenöl (z. B. Sonnen-
blumen- oder Rapsöl)
Salz, Pfeffer
30 g Parmesan
125 g Ricotta
1 Ei (Größe M)
100 g Vollkornmehl
150 g Kirschtomaten
12 Salbeiblätter
30 g Butter

1 Die Zwiebel und den Knoblauch schälen. Die Zwiebel fein würfeln, den Knoblauch pressen. Dann den Babyspinat abspülen und grob hacken. 1 EL Öl in einer Pfanne erhitzen, die Zwiebel und den Knoblauch darin anschwitzen. Den Spinat dazugeben und 1 Minute unter Rühren braten. Mit Salz und Pfeffer würzen und abkühlen lassen.

2 Dann 20 g Parmesan reiben und mit dem Ricotta, dem Ei sowie dem Mehl in einer Schüssel verrühren. Den abgekühlten Spinat zwischen den Händen ausdrücken, fein hacken und unterheben. Mit Salz und Pfeffer würzen.

3 In einem Topf reichlich Salzwasser zum Kochen bringen. Mithilfe von zwei Esslöffeln aus der Masse ca. 12 Nocken ausstechen und diese direkt ins Wasser geben. Ist die Masse zu weich, noch etwas Mehl zufügen. Ca. 5 Minuten ziehen lassen, bis die Nocken an der Oberfläche schwimmen. Mit einer Schöpfkelle herausheben und abtropfen lassen.

4 In einer großen Pfanne das restliche Öl erhitzen. Die Tomaten abspülen und nach Belieben halbieren oder im Ganzen lassen. Zusammen mit dem Salbei braten, bis die Blätter knusprig und die Tomaten leicht aufgeplatzt sind. Dann herausnehmen und zur Seite stellen.

5 Die Butter in der noch heißen Pfanne zerlassen und die Nocken darin rundum goldbraun braten. Danach den Salbei mit den Tomaten untermischen und das Ganze auf zwei Tellern anrichten. Den restlichen Parmesan hobeln und dazu servieren.

PRO PORTION: ca. 665 kcal | 26 g E | 46 g F | 36,5 g KH

ZUBEREITUNGSZEIT: ca. 30 Minuten

1 Mozzarella mit Mango
& Zucchini

FÜR 2 PORTIONEN

2 Kugeln Mozzarella (je 125 g)
1 EL Ahornsirup
2 TL Senf (mittelscharf)
1 EL Aceto balsamico
4 EL Olivenöl
Salz, Pfeffer

2 EL ganze Haselnüsse
½ Avocado
½ Mango
150 g Zucchini

Utensilien
Spiralschneider

1 Zunächst den Mozzarella gut abtropfen lassen und je in die Mitte eines tiefen Tellers setzen. Für das Dressing den Ahornsirup mit dem Senf, dem Balsamico und dem Olivenöl verrühren. Mit Salz sowie Pfeffer würzen.

2 Die Haselnüsse grob hacken, in einer Pfanne ohne die Zugabe von Öl rösten, dann herausnehmen und abkühlen lassen.

3 Die Avocado schälen, entkernen und in ca. 2 cm große Stücke würfeln. Danach die Mango schälen, das Fruchtfleisch vom Stein trennen, in Streifen schneiden und diese fächerartig an die Mozzarellakugeln legen. Die Zucchini abspülen und in Spiralen schneiden, alternativ grob raspeln.

4 Die Zucchini, die Avocado-Würfel und die Nüsse neben dem Mozzarella anrichten bzw. auf den Tellern verteilen. Mit dem vorbereiteten Dressing beträufeln und servieren.

PRO PORTION: ca. 931 kcal | 29,5 g E | 77,5 g F | 30,2 g KH

ZUBEREITUNGSZEIT: ca. 20 Minuten

Mozzarella-Bowl 3 x anders

2 Mozzarella mit Tomaten & Spinat

FÜR 2 PORTIONEN

2 Kugeln Mozzarella (je 125 g)
1 EL Ahornsirup
2 TL Senf (mittelscharf)
1 EL Aceto balsamico
4 EL Olivenöl
Salz, Pfeffer
2 EL Mandelblättchen
2 Stangen Staudensellerie
150 g Kirschtomaten
30 g Babyspinat

1 Die Mozzarellakugeln gut abtropfen lassen und danach je in die Mitte eines tiefen Tellers setzen. Für das Dressing den Ahornsirup mit dem Senf, dem Balsamico und dem Olivenöl verrühren. Mit Salz und Pfeffer würzen.

2 Die Mandelblättchen in einer Pfanne ohne Fett rösten und abkühlen lassen. Dann den Staudensellerie abspülen und schräg in ca. 5 mm dicke Scheiben schneiden. Danach die Kirschtomaten abspülen und ebenfalls in Scheiben schneiden. Den Babyspinat waschen und vorsichtig trocken tupfen.

3 Das Gemüse um die Mozzarellakugeln verteilen und die gerösteten Mandelblättchen darüberstreuen. Mit dem vorbereiteten Dressing beträufeln und sofort servieren.

TIPP: Für eine mediterrane Geschmacksnote garnieren Sie den Salat mit getrockneten Tomaten in Öl und gerösteten Pinienkernen.

PRO PORTION: ca. 790 kcal | 30,5 g E | 68 g F | 15,2 g KH

ZUBEREITUNGSZEIT: ca. 20 Minuten

---

3 Mozzarella mit Spargel & Parmaschinken

FÜR 2 PORTIONEN

2 Kugeln Mozzarella (je 125 g)
1 EL Ahornsirup
2 TL Senf (mittelscharf)
1 EL Aceto balsamico
4 EL Olivenöl
Salz, Pfeffer
1 EL Pinienkerne
4 Stangen grüner Spargel
40 g Heidelbeeren
½ Nektarine
80 g braune Champignons
1 EL Pflanzenöl (z. B. Sonnenblumen- oder Rapsöl)
2 Scheiben Parmaschinken

1 Die Mozzarellakugeln gut abtropfen lassen und je in die Mitte eines tiefen Tellers setzen. Für das Dressing den Ahornsirup mit dem Senf, dem Balsamico und dem Olivenöl verrühren. Mit Salz und Pfeffer abschmecken.

2 Die Pinienkerne in einer Pfanne ohne Fett rösten und abkühlen lassen. Die Spargelstangen abspülen und das untere Drittel abschneiden. Die Stangen der Länge nach dünn hobeln oder mit einem Sparschäler in feine Streifen schneiden.

3 Die Heidelbeeren abspülen. Die Nektarine ebenfalls waschen, entsteinen und in Spalten schneiden.

4 Die Champignons abbürsten und vierteln. Das Öl in einer Pfanne erhitzen und die Pilze darin braten. Mit Salz und Pfeffer würzen.

5 Das Obst und Gemüse rund um den Mozzarella anrichten. Den Parmaschinken dazulegen, mit den Pinienkernen garnieren und mit dem Dressing beträufelt servieren.

PRO PORTION: ca. 845 kcal | 32,9 g E | 71,3 g F | 19,2 g KH

ZUBEREITUNGSZEIT: ca. 20 Minuten

Pizza bianca
mit Radieschen & Erbsen

FÜR 2 PORTIONEN

200 g Vollkornmehl
(+ etwas mehr zum Ausrollen)
Salz, Pfeffer
½ Pckg. Trockenhefe
1 TL + 4 EL Olivenöl
1 kleine Zucchini
30 g Parmesan
2 Frühlingszwiebeln
1 Bio-Zitrone
1 Kugel Mozzarella (125 g)
5 Radieschen
½ Knoblauchzehe
6 große Blätter Basilikum
150 g Crème fraîche
50 g Erbsen (TK)

Utensilien
Julienne-Hobel

1 Für den Teig das Mehl mit 1 TL Salz und der Hefe vermischen. 150 ml lauwarmes Wasser und 1 TL Öl zugießen. Dann alles mit dem Handmixer auf niedrigster Stufe verkneten, bis sich alle Zutaten verbunden haben. Falls der Teig noch zu sehr klebt, etwas Mehl hinzugeben. Dann auf höchster Stufe ca. 3 Minuten zu einem elastischen Teig verkneten. An einem warmen Ort zugedeckt ca. 1 Stunde gehen lassen.

2 Inzwischen die Zucchini abspülen und in feine Streifen hobeln, alternativ mit einem Messer in dünne Streifen schneiden. Den Parmesan grob reiben. Die Frühlingszwiebeln abspülen, putzen und in Ringe schneiden. Die Schale der Zitrone abreiben. Den Mozzarella gut abtropfen lassen. Währenddessen die Radieschen abspülen und putzen. Für das Kräuteröl die Knoblauchzehe schälen. Das Basilikum grob hacken. Zusammen mit dem Knoblauch, dem Zitronenabrieb und dem restlichen Olivenöl kurz fein pürieren. Mit Salz und Pfeffer würzen.

3 Den Backofen auf 220 Grad (Umluft 200 Grad) vorheizen. Den Teig auf einer leicht bemehlten Arbeitsfläche nochmals gut durchkneten. Zu einem Rechteck (ca. 35x25 cm) ausrollen und auf ein mit Backpapier belegtes Backblech geben. Mit Crème fraîche bestreichen, dabei ca. 1 cm Rand frei lassen. Danach die Erbsen, die Zucchini und die Frühlingszwiebeln gleichmäßig darauf verteilen. Den Mozzarella in Stücke zupfen und mit dem Parmesan auf dem Teig verteilen. Mit Salz und Pfeffer würzen. Die Pizza auf der untersten Schiene ca. 20 Minuten backen, bis der Rand gebräunt und der Käse zerlaufen ist.

4 Währenddessen die Radieschen fein hobeln. Die Pizza aus dem Ofen nehmen und die Radieschen darauf verteilen. Mit dem Kräuteröl beträufelt servieren.

PRO PORTION: ca. 1.110 kcal | 35,5 g E | 75 g F | 73 g KH

ZUBEREITUNGSZEIT: ca. 40 Minuten (zzgl. ca. 1 Stunde Gehzeit)

#reifeleistung

DAS ERFOLGSREZEPT VON PAMELA DUTKIEWICZ, HÜRDENSPRINTERIN

„Walnüsse schmecken mir unheimlich gut und geben mir viel Power für das Training und den Alltag. Die Kraftpakete wandern jeden Morgen in mein selbst gemachtes Müsli, das ich für einen guten Start in den Tag brauche. Umso cooler ist es, dass ich mit dem Kichererbsensalat jetzt neue Inspiration mit meiner Lieblingszutat bekommen habe. Der Salat ist superlecker, leicht zuzubereiten und ich kann ihn mit ein paar Handgriffen in andere Gerichte verwandeln – genau das Richtige für mich. Am besten ist das Walnusspesto. Vor allem weil man die Reste davon gut weiterverwenden kann – zum Beispiel als Dip oder Brotaufstrich."

IHRE GRÖSSTEN ERFOLGE
- EM-Silber 2018 über 100 m Hürden
- WM-Bronze 2017 über 100 m Hürden
- Deutsche Meisterin 2017 und 2018 über 100 m Hürden
- Teilnahme an den Olympischen Spielen 2016

3 FRAGEN AN PAMELA

Welchen Stellenwert hat Ernährung für dich privat und im Sport?
„Sportler ist man 24 Stunden am Tag. Von daher ist Ernährung ein wichtiges Thema. Ich ernähre mich sehr ausgewogen. Gemüse, Obst und qualitativ hochwertiges Fleisch sind mir wichtig. Aber ab und zu gönne ich mir auch etwas Süßes. Das ist wichtig für die Seele. Verzicht ist nicht gut. Die Balance ist der Weg."

Wie hast du zu diesem Weg gefunden?
„Im Finale der Deutschen Hallenmeisterschaften 2015 knickte ich um und riss mir die Bänder in beiden Füßen. Diese Verletzung gab mir die Chance, meinem Körper und auch meinem Kopf endlich etwas Ruhe zu gönnen und mich intensiv auf die Suche nach meinem Wohlfühl-Körper zu machen."

Hast du einen Ernährungs-Tipp weiterzugeben?
„Ein Arzt riet mir einmal: Iss weiter so bewusst wie bisher, aber in Maßen und in der Summe nicht mehr als drei Mahlzeiten am Tag. Mir wurde klar: In meinem Gedankenkarussell hatte ich schlicht verlernt, intuitiv auf die Signale meines Körpers zu hören, was er denn nun eigentlich wirklich braucht. Seither beherzige ich das und das tut mir richtig gut."

Kichererbsensalat
mit Walnusspesto

FÜR 4 PORTIONEN

Für den Kichererbsensalat
400 g Kichererbsen
1 Aubergine (mittelgroß)
grobes Meersalz, Pfeffer
100 g frischer Spinat
200 g Kirschtomaten
1 Avocado
200 g Feta
1 Orange

Für das Walnusspesto
150 g Walnüsse
100 g getrocknete Tomaten (in Öl)
100 g Parmesan
1 Zitrone
100 ml Walnussöl
½ TL Kreuzkümmel
1 Msp. Cayennepfeffer

1 Die Kichererbsen abtropfen lassen. Die Aubergine waschen, vom Strunk befreien und in grobe Würfel schneiden. Dann salzen und 15 Minuten ziehen lassen.

2 Den Spinat waschen und trocken schleudern. Die Kirschtomaten waschen und halbieren. Die Avocado schälen, entkernen und in Spalten schneiden. Den Feta ggf. abgießen und in grobe Würfel schneiden. Die Orange schälen, vom Weiß befreien und grob würfeln.

3 Die Auberginenwürfel in einer heißen Grillpfanne ohne Zugabe von Öl für 5 Minuten rösten. Dabei gelegentlich wenden. Die Kichererbsen, den Spinat, die Kirschtomaten, den Feta und die Aubergine vermengen, auf 4 Teller verteilen und mitsamt den Avocado-Spalten anrichten.

4 Für das Pesto die Walnüsse, die getrockneten Tomaten und den Parmesan in eine Küchenmaschine oder einen Mixer geben. Die Zitrone waschen, halbieren und über den Walnuss-Parmesan-Mix auspressen. Alles fein pürieren, dabei das Walnussöl langsam einfließen lassen. Mit Kreuzkümmel und Cayennepfeffer abschmecken. Das Pesto auf dem Salat verteilen und mit Meersalz und Pfeffer würzen.

PRO PORTION: ca. 973 kcal | 33,8 g E | 77,8 g F | 34,5 g KH

ZUBEREITUNGSZEIT: ca. 1 Stunde

WEITERE REZEPTE UNTER WWW.EDEKA.DE/REIFELEISTUNG

Gebratener Rotkohl
mit gelbem Reis & Granatapfel

FÜR 2 PORTIONEN

125 g Naturreis (Langkorn)
1 TL Kurkuma
Salz, Pfeffer
½ Rotkohl (ca. 500 g)
10 Minzblätter
1 Knoblauchzehe
200 g pflanzlicher Joghurt (z. B. Sojajoghurt)
1 Granatapfel
2 EL Pflanzenöl (z. B. Sonnenblumen- oder Rapsöl)
100 ml Orangensaft
2 EL Ahornsirup
1 Zitrone
3 EL Olivenöl

1 Den Reis mit dem Kurkuma in reichlich Salzwasser nach Packungsanleitung bissfest garen. In der Zwischenzeit den Rotkohl abspülen und den Strunk mit einem scharfen Messer begradigen. Den Rotkohl vierteln und in ca. 1 cm dicke Spalten schneiden. Dann die Minzblätter waschen und 3 davon fein schneiden. Den Knoblauch schälen, pressen und mit den Minzstreifen unter den Joghurt rühren. Mit Salz und Pfeffer würzen. Den Granatapfel halbieren. Eine Hälfte mit einer Zitruspresse entsaften. Die Kerne aus der anderen Hälfte vorsichtig herauslösen.

2 In der Zwischenzeit eine große Pfanne stark erhitzen. Das Pflanzenöl hineingeben und den Rotkohl darin von jeder Seite ca. 5 Minuten braten, bis er gut gebräunt ist. Anschließend mit dem Orangensaft ablöschen und vollständig einkochen lassen. Den Granatapfelsaft mit dem Ahornsirup dazugeben und den Kohl einmal aufkochen lassen. Mit Salz und Pfeffer würzen. Dann die Pfanne vom Herd nehmen.

3 Den Reis abgießen. Die Zitrone auspressen und den Saft mit 2 EL Olivenöl unter den Reis mischen. Dann mit dem Rotkohl auf zwei Tellern anrichten. Die Granatapfelkerne und das restliche Olivenöl darauf verteilen. Mit dem Joghurt garnieren. Die restlichen Minzblätter grob zupfen und darüberstreuen.

PRO PORTION: ca. 686 kcal | 12,4 g E | 42 g F | 62,3 g KH

ZUBEREITUNGSZEIT: ca. 30 Minuten

Jacqueline Otchere, Stabhochspringerin, Deutsche Meisterin 2018
„Ich liebe Rotkohl. Gebraten und mit Minzjoghurt passt er ideal zu meiner veganen Ernährung. Gerade die Minze gibt dem Gericht den besonderen Frische-Kick. Ich kann es nur empfehlen."

Poké Bowl
mit Tofu & Avocado

FÜR 2 PORTIONEN

½ rote Zwiebel
40 ml Rotweinessig
3 EL Ahornsirup
Salz, Pfeffer
125 g Basmatireis
1 Limette
1 EL Sesam (ungeschält)
1 Stück Ingwer
1 Knoblauchzehe
4 EL Sojasauce
2 EL Olivenöl
2 Karotten
¾ Avocado
½ Bund Koriander
175 g Tofu (geräuchert)
1 EL Pflanzenöl (z. B. Sonnenblumen- oder Rapsöl)

Utensilien
Julienne-Hobel

1 Die Zwiebel schälen und in dünne Scheiben hobeln, alternativ mit einem Messer in feine Streifen schneiden. Danach den Rotweinessig mit 1 EL Ahornsirup in einem Topf aufkochen und die Zwiebelstreifen dazugeben. Mit Salz sowie Pfeffer würzen und auskühlen lassen. Den Reis nach Packungsangabe in Salzwasser garen.

2 Währenddessen die Limette auspressen. Den Sesam in einer Pfanne ohne Fett rösten und abkühlen lassen. Für das Dressing Ingwer und Knoblauch schälen, beides sehr fein hacken. Mit dem restlichen Ahornsirup, 2 EL Sojasauce, 2 EL Limettensaft und dem Olivenöl verrühren. Die Karotten schälen, abspülen und in feine Streifen hobeln. Die Avocado entkernen, schälen und das Fruchtfleisch in ca. 3 cm große Stücke schneiden. Den Koriander waschen und trocken tupfen.

3 Den Tofu mit Küchenpapier trocken tupfen und in ca. 1 cm dicke Scheiben schneiden. Dann mit dem Pflanzenöl von beiden Seiten einstreichen. Eine Grillpfanne stark erhitzen und den Tofu von jeder Seite ca. 2 Minuten goldbraun braten.

4 Den Reis auf zwei Schüsseln verteilen und rundherum mit dem Tofu, den Karotten, der Avocado und dem Koriander garnieren. Die Zwiebelstreifen abtropfen lassen und dazugeben. Alles mit Sesam bestreuen und mit der restlichen Sojasauce beträufeln. Das Dressing dazu servieren.

PRO PORTION: ca. 853 kcal | 26,5 g E | 49 g F | 75,5 g KH

ZUBEREITUNGSZEIT: ca. 30 Minuten

Juliane Seyfarth, Skispringerin,
2x Gold bei den Nordischen Skiweltmeisterschaften 2019
„Als Skispringerin muss ich mein Gewicht immer im Auge behalten. Die Poké Bowl ist perfekt für mich, denn die Mischung aus Proteinen, Kohlenhydraten und guten Fetten macht lange satt."

#reifeleistung

DAS ERFOLGSREZEPT VON ALEXANDER WIECZERZAK, JUDOKA

„Ich war mit der Nationalmannschaft in Japan, China, Korea, der Mongolei, Kasachstan, ja im Grunde auf der ganzen Welt. Mein Geschmack ist deshalb sehr international. Ich probiere gern Neues aus und der ungewöhnliche Mix aus Japan und Mexiko gefällt mir an diesem Sushi-Burrito besonders gut. Reis gehört auf jeden Fall zu meinen absoluten Lieblingszutaten!"

SEINE GRÖSSTEN ERFOLGE
- WM-Bronze 2018 bis 81 kg
- Weltmeister 2017 bis 81 kg
- EM-Bronze 2015 bis 81 kg
- Junioren-Weltmeister 2010 bis 73 kg

3 FRAGEN AN ALEXANDER

Welchen Stellenwert hat ausgewogene Ernährung für dich?
„Mit jedem sportlichen Erfolg wird man anspruchsvoller, um noch erfolgreicher zu sein. Und wenn man das will, muss man mehr trainieren, professioneller sein und eben auch auf die Ernährung achten. Das ist ein ganz wichtiger Baustein für die sportliche Leistungsstärke."

Worauf achtest du beim Essen besonders?
„Ich versuche, viele „gute", also komplexe Kohlenhydrate zu mir zu nehmen. Um meine Energiespeicher nach dem Training wieder aufzufüllen, eignet sich am besten eine Kombi aus Kohlenhydraten und Proteinen. Ich esse dann zum Beispiel Müsli mit Joghurt oder Vollkornbrot mit Quark."

Und was packst du für Wettkämpfe als Snack in die Judotasche?
„Bananen dürfen nie fehlen und für längere Pausen zum Beispiel nach dem Wiegen habe ich ein Käsebrot dabei."

Sushi-Burrito
mit Mango & Rindfleisch

FÜR 4 PORTIONEN

Für die Burritos
350 g Sushireis
Salz
2 EL Reisessig
1 EL Zucker
4 Nori-Blätter

Für die Füllung
1 Süßkartoffel
1 Aubergine
4 EL Sesamöl
1 EL Honig
1 Karotte
1 Mango
1 rote Zwiebel
½ Bund Koriander
500 g Rinderfilet
3 EL Teriyaki-Sauce
½ TL Rauchpaprika
Salz, Pfeffer
4 EL Sesam

Für die Currysauce
1 Stück Ingwer
1 Bio-Limette
1 Knoblauchzehe
4 EL Joghurt (3,5% Fett)
4 EL Mayonnaise
1 TL Curry
1 EL Sojasauce
Salz
Zucker

1 Den Reis in einem Sieb unter kaltem Wasser abspülen, bis das durchfließende Wasser klar wird. Den Reis in 450 ml leicht gesalzenem Wasser aufkochen. Dann die Hitze reduzieren und den Reisessig mit dem Zucker hinzugeben. Im geschlossenen Topf 20 Minuten quellen lassen. Danach bei geschlossenem Deckel 2–3 Stunden abkühlen lassen.

2 Die Süßkartoffel schälen, in Spalten schneiden und auf ein mit Backpapier ausgelegtes Blech geben. Die Aubergine waschen, die Endstücke wegschneiden, längs in 2 cm dicke Streifen schneiden und ebenfalls auf dem Backblech verteilen. Inzwischen den Backofen auf 180 Grad Ober-/Unterhitze (160 Grad Umluft) vorheizen. 2 EL Sesamöl mit dem Honig verrühren, über dem Gemüse verteilen und 30 Minuten goldbraun backen. Die Aubergine nach ca. 20 Minuten herausnehmen.

3 Währenddessen die Karotte schälen und in dünne Stifte schneiden. Die Mango schälen und das Fruchtfleisch in schmale Spalten schneiden. Die Zwiebel schälen und in dünne Ringe schneiden. Den Koriander waschen, trocken schütteln und fein hacken, dabei einige Blätter zur Dekoration ganz lassen.

4 Das Rinderfilet in mundgerechte Streifen schneiden. Das restliche Sesamöl in einer beschichteten Pfanne erhitzen. Das Rinderfilet darin von allen Seiten 3–4 Minuten scharf anbraten. Die Teriyaki-Sauce mit Rauchpaprika, Salz sowie Pfeffer verrühren und zum Fleisch geben. Das Ganze 1–2 Minuten unter regelmäßigem Wenden braten. Den Sesam darüberstreuen.

5 Für die Sauce den Ingwer schälen und fein reiben. Die Limette abwaschen, trocknen und 1 TL Schale abreiben. Die Frucht auspressen. Knoblauch schälen und pressen. Den Joghurt und die Mayonnaise glatt rühren. Limettensaft und -abrieb, Knoblauch, Ingwer, Curry sowie Sojasauce unterrühren. Mit Salz und Zucker abschmecken.

6 Dann jeweils ein Nori-Blatt mit der rauen Seite nach oben auslegen und den Reis ca. 1,5 cm dick darauf verteilen. Mit dem Gemüse und dem Fleisch belegen. Mit der Currysauce und etwas Koriander toppen. Sushi-Burrito vorsichtig einrollen und leicht andrücken. Mit den drei weiteren Burritos ebenso verfahren. Die Sushi-Burritos mit Koriander garniert servieren.

PRO PORTION: ca. 874 kcal | 38,3 g E | 35 g F | 107 g KH

ZUBEREITUNGSZEIT:
ca. 55 Minuten (zzgl. 2–3 Stunden Kühlzeit)

Runter vom Sofa!
Übungen, die einfach guttun

Nichts liegt so nah wie das eigene Fitnessstudio zu Hause: Von der Sofakante geht's direkt ins Training. Genießen Sie es, Muskeln zu spüren, von denen Sie vielleicht gar nicht mehr wussten, dass es sie gibt. Wie Sie das schaffen, zeigen die Beachvolleyballerinnen Laura Ludwig und Maggie Kozuch auf den folgenden Seiten. Sie haben acht Übungen ausgewählt, die überall leicht nachzumachen sind. Einfach mal ausprobieren und dranbleiben, denn neben bewusster Ernährung gehören regelmäßige Bewegung und Sport zu einem aktiven Lebensstil dazu. Wichtig: Sporteln Sie nicht einfach drauflos, sondern nehmen Sie sich Zeit zum Aufwärmen und zum Entspannen nach dem Work-out.

WARM-UP Schütteln Sie den Stress des Tages ab und holen Sie sich Power für die anstehenden Aufgaben, indem Sie Ihr Herz-Kreislauf-System in Schwung bringen: Lieblingssong an und langsam im Takt auf der Stelle marschieren. Gleichzeitig wärmt Schattenboxen die Muskeln im Oberkörper auf. Dazu einfach abwechselnd mit dem rechten und linken Arm kräftige Aufwärtshaken bis über den Kopf ausführen. Nach rund einer Minute in den Hampelmann wechseln. Dafür aus dem schulterbreiten Stand in die Grätsche springen und die Arme senkrecht über dem Kopf zusammenführen. In die Ausgangsposition zurückspringen. 60 Sekunden lang in Ihrem Tempo so oft wie möglich wiederholen. Zum Finale wieder auf der Stelle marschieren und die seitlich ausgestreckten Arme mit schnellen Bewegungen kreisen lassen. Ist der Song zu Ende, starten Sie mit den Übungen.

COOL-DOWN Schlendern Sie nach der letzten Übung durch die Wohnung. Ziehen Sie die Schultern hoch und lassen Sie sie wieder fallen. Danach die Arme und Beine abwechselnd anwinkeln, leicht dehnen, kurz halten und ausschütteln. Lockernde Bewegungen dienen dem Abtransport und Abbau von Stoffwechselendprodukten wie z. B. Laktat. Das tut gut nach dem Training.

LAURA LUDWIG & MAGGIE KOZUCH

Seit 2019 treten Maggie Kozuch (l.) und Olympiasiegerin und Weltmeisterin Laura Ludwig (r.) als Team im Beachvolleyball an. Im September 2019 bestritten die beiden ihr erstes gemeinsames Finale – und gewannen. Das Duo weiß, wie man neuen Herausforderungen fit begegnet. Maggie Kozuch, die einstige Hallenvolleyballerin, musste im Sand quasi eine neue Sportart lernen. Und die erfolgreiche Laura Ludwig startete 2019 nach ihrer Babypause neu durch.

IHRE GRÖSSTEN TEAMERFOLGE
- Gewinnerinnen des World Tour Finals in Rom 2019
- Deutsche Vize-Meisterinnen 2019

PUSH-UP

Der Liegestütz ist eine Eigengewichtübung zur Kräftigung der Muskeln, speziell der Schulter-, Arm- und Brustmuskulatur. Er funktioniert natürlich auch ohne Hanteln.

STEP 1
Ausgangsposition: Gehen Sie auf die Knie, positionieren Sie Ihre Hände senkrecht unter der Schulter. Strecken Sie die Beine aus. Der Körper wird von den Armen gestützt und bildet eine gerade Linie.

STEP 2
Beugen Sie langsam Ihre Arme, sodass Ihr Körper absinkt, bis Ihre Brust fast den Boden berührt. Die Ellenbogen zeigen dabei nach hinten. Stützen Sie sich dann wieder hoch. Achten Sie dabei darauf, besonders im Bauch fest zu bleiben und die Körperspannung zu halten. Verfallen Sie nicht in ein Hohlkreuz. Der Liegestütz ist beendet, sobald Ihre Arme wieder ausgestreckt sind.

TIPP: Wenn das Absenken des Körpers mit an den Oberkörper gepressten Oberarmen zu schwer ist, können Sie die Ellenbogen leicht abwinkeln. Versuchen Sie jedoch, sie peu à peu immer enger an den Körper zu bewegen.

SCHWIERIGKEITSGRAD
●●○○○

6 Wdh. Pause 10 Sek. 6 Wdh. Pause 10 Sek.

STEP 1

STEP 2

BURPEES

Der Burpee kombiniert mehrere Fitnessübungen in einer flüssigen Bewegung: Kniebeuge, Liegestütz und Strecksprung. Er trainiert intensiv Brust-, Rücken- und Oberschenkelmuskeln sowie kleinere Hilfsmuskeln an Rumpf, Schultern, Bauch und Armen.

STEP 1
Ausgangsposition: Stellen Sie sich aufrecht hin und gehen Sie dann in die Hocke. Setzen Sie Ihre Hände schulterbreit auf dem Boden auf und gehen Sie schnell in den Liegestütz über, indem Sie Ihre Beine in einer Kick-Bewegung nach hinten strecken.

STEP 2
Machen Sie einen Liegestütz, bis Ihre Brust auf dem Boden liegt.

STEP 3
Ziehen Sie die Beine in einer Sprungbewegung wieder an und setzen Sie die Füße leicht hinter den Händen ab.

STEP 4
Schnellen Sie mit einem Strecksprung und hinter den Kopf gehobenen Händen so hoch wie möglich. Nun stehen Sie wieder aufrecht in der Ausgangsposition.

STEP 1

STEP 2

STEP 3

STEP 4

SCHWIERIGKEITSGRAD

| 3 Wdh. | Pause 8 Sek. | 3 Wdh. | Pause 8 Sek. | 3 Wdh. | Pause 8 Sek. |

LUNGES

Lunges oder auch Ausfallschritte trainieren hauptsächlich die Bein- und Po-Muskulatur.

STEP 1
Ausgangsposition: Sie starten im hüftbreiten Stand, Ihre Bauchmuskeln sind angespannt und der Rücken befindet sich im leichten Hohlkreuz. Der Oberkörper bleibt während der ganzen Übung aufrecht.

STEP 2
Das rechte Bein geht so weit nach vorn und wird gebeugt, bis Ober- und Unterschenkel einen Winkel von 90 Grad bilden. Das Knie darf dabei nicht über die Fußspitze ragen und sollte in die gleiche Richtung wie die Fußspitze zeigen. Das linke Knie berührt, ebenfalls im 90-Grad-Winkel gebeugt, den Boden.

STEP 3
Lassen Sie das Gewicht auf den Fersen und stehen Sie zum vorderen Bein hin wieder auf, sodass Knie und Hüfte wieder voll gestreckt sind.

STEP 4
Starten Sie mit dem linken Bein bei Step 2 und vollführen Sie die Übung bis zur Ausgangsposition.

SCHWIERIGKEITSGRAD

STEP 1

STEP 2

STEP 3

STEP 4

| 10 Wdh. | Pause 5 Sek. | 10 Wdh. | Pause 5 Sek. | 10 Wdh. | Pause 5 Sek. |

SIDE LUNGES

Side Lunges oder auch seitliche Ausfallschritte sind die perfekte Übung, um die Muskulatur in Beinen und Po zu kräftigen.

STEP 1
Ausgangsposition: Stellen Sie sich aufrecht hin. Ihre Beine stehen dabei weit auseinander. Strecken Sie nun Ihre Hände nach vorn.

STEP 2
Verlagern Sie Ihren Körperschwerpunkt zu einer Seite und machen Sie einen großen Ausfallschritt zur Seite. Der Oberkörper geht leicht nach vorn und die Hüfte schiebt sich nach hinten. Das Bein, das den Schritt macht, beugen Sie, bis ein 90-Grad-Winkel entsteht. Das Knie bleibt in der Beugung über der Fußspitze ausgerichtet. Das andere Bein lassen Sie gestreckt.

STEP 3
Drücken Sie sich mit der Außenkante des Fußes kraftvoll vom Boden zur Seite ab und kehren Sie in die Ausgangsposition zurück. Führen Sie den seitlichen Ausfallschritt mit dem anderen Bein erneut durch.

TIPP: Wenn Sie die Intensität der Übung erhöhen möchten, nehmen Sie einen Gegenstand, beispielsweise einen großen Kochtopf, und fassen ihn an den Henkeln, bevor Sie die Arme vor dem Körper ausstrecken. Halten Sie den Topf während der ganzen Übung vor dem Körper und verringern Sie gegebenenfalls die Wiederholungen auf 8 Ausführungen.

STEP 1

STEP 2

SCHWIERIGKEITSGRAD

| 12 Wdh. | Pause 10 Sek. | 12 Wdh. | Pause 10 Sek. | 12 Wdh. | Pause 10 Sek. |

FROGGERS

Froggers sind ähnlich wie Burpees (siehe Seite 85) eine Ganzkörper-Übung. Es geht darum, Fett zu verbrennen und die Muskeln zu stärken.

STEP 1
Ausgangsposition: Begeben Sie sich in die Liegestützposition mit gestreckten Armen. Die Handflächen ruhen ungefähr schulterbreit auf dem Boden. Die Beine sind leicht gespreizt und bilden mit dem Oberkörper und dem Kopf eine gerade Linie.

STEP 2
Ziehen Sie aus dieser Position heraus die Beine an sich heran und springen Sie wie ein Frosch in die Hocke. Die Füße setzen dabei seitlich neben den Händen auf.

STEP 3
Sobald Sie einen sicheren Stand haben, lassen Sie Ihre Beine wieder nach hinten schnellen.

TIPP: Halten Sie während jeder Phase der Übung die Spannung in Bauch und Rücken, damit das Becken aufgerichtet bleibt. Anfänger müssen die Füße nicht gleich seitlich neben den Händen absetzen. Es reicht, wenn sie zunächst ein Stück dahinter landen und Sie sich von Sprung zu Sprung verbessern.

STEP 1

STEP 2

STEP 3

SCHWIERIGKEITSGRAD

| 8 Wdh. | Pause 10 Sek. | 8 Wdh. | Pause 10 Sek. | 8 Wdh. | Pause 10 Sek. |

PARTNER SHOULDER TAPS

Partner Shoulder Taps sind eine tolle Ganzkörper-Übung im Team. Sie können daraus sogar einen kleinen Wettbewerb machen: Wer es schafft, am längsten durchzuhalten, hat gewonnen.

STEP 1
Ausgangsposition: Begeben Sie sich in die Liegestützposition. Ihr Partner befindet sich gegenüber von Ihnen, ebenfalls im Liegestütz.

STEP 2
Klatschen Sie sich parallel mit Ihrem Partner mit den Handflächen ab. Achten Sie darauf, die Hände über Kreuz abzuklatschen: Die rechte Hand trifft die rechte Hand des Gegenübers und umgekehrt. Wiederholen Sie diese Übung so lange, bis ein Partner nicht mehr kann.

TIPP: Sie können diese Übung auch allein durchführen, indem Sie sich nicht mit Ihrem Partner abklatschen, sondern sich selbst auf die Schulter tappen. Falls Ihnen die Übung anfangs zu schwer ist, können Sie sie auch in einfacher Liegestütz-Variante mit auf dem Boden liegenden Unterschenkeln absolvieren.

STEP 1

STEP 2

SCHWIERIGKEITSGRAD

| 20 Wdh. | Pause 5 Sek. | 20 Wdh. | Pause 5 Sek | 20 Wdh. | Pause 5 Sek. |

PISTOL SQUATS

Der Pistol Squat ist eine einbeinige Kniebeuge und eine der besten Übungen für die Bein- und Gesäßmuskulatur. Sie trainiert außerdem die Hüftmuskulatur, den unteren Rücken und den Hüftbeuger. Regelmäßig ausgeführt, werden zudem Kraft, Koordination, Balance und Ausdauer verstärkt.

STEP 1
Ausgangsposition: Positionieren Sie sich im hüftbreiten Stand und verlagern Sie Ihr Gewicht auf einen Fuß. Heben Sie dann das andere Bein leicht an. Achten Sie darauf, dass das Bein gerade bleibt und das Knie nicht einknickt. Strecken Sie die Arme auf Schulterhöhe vor dem Körper aus, um die Balance zu halten. Die Handflächen liegen parallel zueinander. Die Finger sind leicht gespreizt.

STEP 2
Schieben Sie den Po nach hinten und beugen Sie das Standbein maximal, bis der hintere Oberschenkel die Wade berührt. Das andere Bein halten Sie dabei gestreckt in der Luft. Am tiefsten Punkt befindet es sich parallel zum Boden. Wem die Übung anfangs zu schwer ist, der beugt den Oberschenkel maximal bis 90 Grad und lässt den Po während der Übung auf einen Stuhl oder eine Bank sinken, steht dann nach kurzem Absetzen aber kraftvoll wieder auf. Halten Sie während der Ausführung den Rücken gerade und die Schultern tief. Bauen Sie nun Spannung auf und drücken Sie sich über die Ferse wieder nach oben. Wechseln Sie das Standbein und führen Sie den Pistol Squat erneut durch.

SCHWIERIGKEITSGRAD
●●●●○

STEP 1

STEP 2

| 6 Wdh. | Pause 10 Sek. | 6 Wdh. | Pause 10 Sek. | 6 Wdh. | Pause 10 Sek. |

TEAM WALL BALL SHOTS

Diese Übung beansprucht den ganzen Körper und kann mit einem Trainingspartner oder auch allein durchgeführt werden. Sie benötigen außerdem einen Ball, zur Not tut es anfangs auch ein schweres Kissen.

STEP 1
Ausgangsposition: Stellen Sie sich in den schulterbreiten Stand. Halten Sie den Ball mit beiden Händen vor der Brust, die Ellenbogen sind dabei so hoch wie möglich positioniert. Schieben Sie Ihre Hüfte nach hinten und gehen Sie runter in eine Kniebeuge. Die Knie zeigen dabei immer nach außen.

STEP 2
Stehen Sie dann schnell auf und nutzen Sie den Schwung aus der Hüfte, um den Ball hoch zu Ihrem Partner zu werfen.

STEP 3 + 4
Der Partner fängt den Ball und macht es Ihnen nach.

TIPP: Sie können die Übung auch allein vor einer Wand durchführen. Stellen Sie sich dafür ungefähr 1 Meter vor der Wand auf und werfen Sie den Ball gegen die Wand anstatt zu einem Partner.

STEP 1

STEP 2

STEP 3

STEP 4

SCHWIERIGKEITSGRAD

| 16 Wdh. | Pause 12 Sek. | 16 Wdh. | Pause 12 Sek. | 16 Wdh. | Pause 12 Sek. |

Abendessen
Leichtes zum Ausklang

Mittel- und Nordeuropäer essen eher früh zu Abend, Südeuropäer später. Und solange es lecker und ausgewogen ist, gilt: Das ist beides nicht verkehrt.

Zwar stimmt es, dass sich unser Körper in der Nacht über eine Essenspause freut und wir abends mit einer kleinen Portion besser zurechtkommen, aber einen besten Zeitpunkt für das Abendessen gibt es nicht. Es gibt nur beste Lebensmittel.

Das Abendessen sollte Ballaststoffe, Proteine und Fette, die reich an ungesättigten Fettsäuren sind, enthalten. Ganz so wie gerösteter Rosenkohl, eine aromatische Curry-Linsensuppe oder würzige Lachsfrikadellen es tun – um nur drei tolle Beispiele für köstliche Rezept-Bekanntschaften zu nennen, die Sie auf den folgenden Seiten machen werden.

Doch gerade am Abend ist Essen viel mehr als reine Nahrungsaufnahme. Ein ausgewogenes Abendessen, etwa aus Gemüse und Hülsenfrüchten, beeinflusst auch die Qualität des Schlafs. Es kann zur Bildung des Glückshormons Serotonin beitragen, das wiederum das Schlafhormon Melatonin auf die Reise schickt – sodass wir im Idealfall satt und glücklich ins Bett gehen. Egal ob wir um 18 Uhr zu Abend essen oder um 21 Uhr.

Mangoldgemüse
mit gerösteten Nüssen & Ei

FÜR 2 PORTIONEN

250 g Mangold (je nach Saison eventuell rotstielig)
3 Karotten
1 rote Zwiebel
1 Bio-Orange
1 Bio-Zitrone
1 Knoblauchzehe
2 EL Pflanzenöl (z. B. Sonnenblumen- oder Rapsöl)
Salz, Pfeffer
2 Eier (Größe M)
20 g gehobelte Haselnüsse
10 g Pinienkerne
1 TL Curry
40 g Butter

1 Den Mangold abspülen, die Stiele von den Blättern trennen und der Länge nach halbieren. Anschließend schräg in ca. 3 cm lange Stücke schneiden. Die Blätter in größere Stücke (ca. 5 cm) schneiden. Die Karotten schälen und schräg in ca. 1 cm dicke Scheiben schneiden. Sehr dicke Karotten zuerst der Länge nach halbieren. Die Zwiebel schälen, halbieren und in ca. 5 mm dicke Spalten schneiden. Die Orange abspülen und 1 TL Schale abreiben. Den Saft der Orange und der Zitrone auspressen. Den Knoblauch schälen und pressen.

2 Das Öl in einer großen Pfanne erhitzen. Karotten und Mangoldstiele darin bei mittlerer Hitze 8 Minuten braten, dabei gelegentlich wenden. Mangoldblätter, Knoblauch sowie Orangensaft zufügen und weitere 5 Minuten schmoren. Mit Zitronensaft, Salz und Pfeffer würzen. In der Zwischenzeit die Eier ca. 7 Minuten wachsweich kochen. In einer weiteren Pfanne die Haselnüsse und Pinienkerne ohne Fett goldbraun rösten. Dann das Curry darüberstäuben und kurz mitrösten. Die Butter hinzugeben, zerlassen und mit etwas Salz würzen.

3 Zum Servieren die Eier kalt abschrecken, pellen und halbieren. Das Gemüse anrichten und die Butter mit den Nüssen darübergeben. Zusammen mit den Eiern sofort servieren.

PRO PORTION: ca. 621 kcal | 17 E | 48,5 g F | 28 g KH

ZUBEREITUNGSZEIT: ca. 40 Minuten

SPORTLER-TIPP

Alexander Megos, Sportkletterer, Disziplin Lead, WM-Silber 2019

„Ich versuche Gemüse der Saison zu verwenden. Im August und September steht daher oft Mangold auf meinem Speiseplan. Mit Ei, Nüssen und Zutaten nach Wahl anbraten – einfach superlecker."

Rosenkohlpfanne
mit Karotten & Reisbandnudeln

FÜR 2 PORTIONEN

300 g Rosenkohl
Salz
2 Karotten
1 EL Olivenöl
1 EL Sesam (ungeschält)
1 Bio-Limette
1 Stück Ingwer
1 Knoblauchzehe
½ Bund Koriander
125 g Reisbandnudeln
2 EL Pflanzenöl
(z. B. Sonnenblumen- oder Rapsöl)
5 EL Sojasauce
1 EL Honig

1 Zunächst den Rosenkohl abspülen, putzen und den Strunk jeweils kreuzweise einschneiden. Große Rosenkohlköpfe halbieren. Den Rosenkohl in Salzwasser ca. 10–12 Minuten bissfest kochen, dann abgießen und in kaltem Wasser abschrecken.

2 Die Karotten schälen und der Länge nach in dünne Streifen schneiden, alternativ mit einem Sparschäler in lange Streifen hobeln. Anschließend mit dem Olivenöl mischen und mit etwas Salz würzen. Den Sesam in einer Pfanne ohne Fett rösten. Danach die Limette abspülen und halbieren. Eine Hälfte in Spalten schneiden. Aus der anderen Hälfte ca. 1 EL Limettensaft pressen. Den Ingwer und den Knoblauch schälen und beides fein hacken. Den Koriander abspülen, trocken tupfen und die Blättchen abzupfen.

3 Die Reisbandnudeln nach Packungsanleitung garen. Das Pflanzenöl in einer großen Pfanne erhitzen und den Rosenkohl darin ca. 5 Minuten kräftig braten. Ingwer mit Knoblauch zufügen und bei geringer Hitze weitere 3 Minuten braten. Sojasauce, Honig sowie Limettensaft zugeben und durchschwenken.

4 Den Rosenkohl mit den Reisbandnudeln und den Karottenstreifen anrichten. Sesam und Korianderblätter darüberstreuen. Mit Limettenspalten garniert servieren.

PRO PORTION: ca. 663 kcal | 17 E | 32,3 g F | 74 g KH

ZUBEREITUNGSZEIT: ca. 40 Minuten

Annika Hocke, Eiskunstläuferin,
Deutsche Vize-Meisterin 2018, Olympia-Teilnahme 2018
„Rosenkohlknospen sind kleine Wunderbälle. Sie stecken voller guter Inhaltsstoffe und passen für mich perfekt zu Reisbandnudeln, die mir Energie fürs Training geben und nicht schwer im Magen liegen."

Kartoffelsalat
mit gegrillter Zucchini

FÜR 2 PORTIONEN

500 g Kartoffeln (festkochend)
1 TL Kümmel
Salz, Pfeffer
150 g Kirschtomaten
3 EL Olivenöl
½ Bund Dill
1 Bio-Zitrone
1 Zucchini (ca. 250 g)
3½ EL Pflanzenöl (z. B. Sonnenblumen- oder Rapsöl)
½ TL Kreuzkümmel
½ TL Kurkuma
3 EL griechischer Joghurt (10% Fett)

1 Die Kartoffeln gründlich abbürsten und abspülen. Dann mit der Schale und dem Kümmel in Salzwasser ca. 20 Minuten garen.

2 Inzwischen die Tomaten abspülen und vierteln. Dann mit 1½ EL Olivenöl mischen und mit Salz und Pfeffer würzen. Den Dill grob hacken. Die Zitrone halbieren und 2 EL Saft auspressen. Die Zucchini abspülen und der Länge nach in ca. 5 mm dicke Streifen hobeln. In einer Schüssel mit 1½ EL Pflanzenöl mischen und mit Salz sowie Pfeffer würzen. Dann in einer Grillpfanne von jeder Seite 2–3 Minuten goldbraun grillen und anschließend auf einem Teller auskühlen lassen.

3 Die Kartoffeln abgießen und 5 Minuten ausdampfen lassen, dann halbieren. Das restliche Pflanzenöl in einer großen beschichteten Pfanne erhitzen und die Kartoffeln darin ca. 5 Minuten goldbraun braten, dabei gelegentlich wenden. Kreuzkümmel mit Kurkuma darüberstäuben und kurz mitrösten. Mit Salz und Pfeffer würzen.

4 Dann die Kartoffeln in einer Schüssel mit dem Joghurt und dem Zitronensaft mischen. Zusammen mit der Zucchini und den Tomaten auf Tellern anrichten. Mit Dill bestreuen und mit dem restlichen Olivenöl beträufeln.

PRO PORTION: ca. 707 kcal | 10,5 g E | 51 g F | 48 g KH

ZUBEREITUNGSZEIT: ca. 40 Minuten

#reifeleistung

DAS ERFOLGSREZEPT VON CHRISTINA UND ELENA WASSEN, WASSERSPRINGERINNEN

„Der Reissalat zeigt, dass ausgewogene Ernährung auch richtig gut schmecken kann. Unsere Lieblingszutaten Avocado und Knoblauch ergeben zusammen mit dem Gemüse, dem Reis und dem Fleisch ein perfekt abgestimmtes Gericht. Und das leckere Olivenpesto kann man auch gut auf Vorrat zubereiten."

ELENAS GRÖSSTE ERFOLGE
- Silber bei den Youth Olympic Games 2018
- EM-Bronze 10 m Synchron 2018
- Teilnahme an den Olympischen Spielen 2016

CHRISTINAS GRÖSSTE ERFOLGE
- Europameisterin Teamspringen 2019
- EM-Bronze 10 m Mixed 2018 und 2019
- Mehrfache Jugend-Europameisterin

4 FRAGEN AN CHRISTINA UND ELENA

Welchen Stellenwert hat Ernährung für euch?
„Wir ernähren uns beide sehr ausgewogen. Dadurch, dass wir eine sehr ästhetische Sportart betreiben, bei der eine gute Figur von Vorteil ist, spielt die Ernährung natürlich eine große Rolle. Ein paar Süßigkeiten zwischendurch dürfen aber ab und zu nicht fehlen."

Bei welcher Süßigkeit werdet ihr schwach?
„Bei Käsekuchen und Schokolade können wir beide nicht Nein sagen. Und in Maßen ist Naschen auch völlig in Ordnung."

Habt ihr sonst einen strengen Ernährungsplan?
„Nein, wir haben keine Vorgaben, was wir essen dürfen und was nicht. Wer sich bewusst ernährt und darauf achtet, dass der Körper mit allen Nährstoffen ausreichend versorgt ist, muss sich unserer Meinung nach an keine strengen Regeln halten. Außerdem ist selbst frisch kochen das A und O in Sachen Ernährung. So weiß man immer, was man zu sich nimmt."

Ein bisschen Disziplin gehört aber zum Leistungssport dazu, oder nicht?
„Ja. Am meisten motivieren uns unsere sportlichen Träume. Der Gedanke, bei den Olympischen Spielen im Finale zu springen, ist der größte Antrieb für uns."

Reissalat
mit Rindfleisch & Avocado

FÜR 4 PORTIONEN

Für den Reissalat
350 g Reis (Parboiled Langkorn- und Wildreis)
Salz, Pfeffer
2 Schalotten
1 Zucchini
1 Paprika (rot)
1 Avocado
3 EL grüne Oliven (in Lake)
½ Bund glatte Petersilie
600 g Rinderhüftsteak
2 EL Rapsöl
180 ml Gemüsebrühe
1 TL Paprikapulver (edelsüß)
1 EL Thymian (gerebelt)
50 g ganze Pinienkerne

Für das Olivenpesto
150 g Kalamata-Oliven (in Lake)
3 getrocknete Tomaten (in Öl)
2 Knoblauchzehen
1 Bio-Zitrone
3 Stängel Oregano
75 ml Olivenöl
1 TL Honig
Salz

1 Für den Reissalat den Reis nach Packungsanleitung in ausreichend Salzwasser bissfest kochen. Inzwischen die Schalotten schälen und fein hacken. Die Zucchini waschen, die Enden abschneiden und Zucchini würfeln. Danach die Paprika waschen, entkernen und in kleine Würfel schneiden. Die Avocado ebenfalls entkernen und das Fruchtfleisch in Scheiben oder Würfel schneiden. Die Oliven abgießen und halbieren. Dann die Petersilie waschen, trocken schütteln und klein hacken.

2 Das Steak unter fließendem Wasser waschen und dann in feine Streifen schneiden. Anschließend das Rapsöl in einer beschichteten Pfanne erhitzen und die Steakstreifen 3 Minuten scharf anbraten. Schalotten, Zucchini sowie Paprika dazugeben und weitere 3–4 Minuten braten. Mit der Gemüsebrühe ablöschen. Dann mit Salz, Pfeffer, Paprikapulver und Thymian abschmecken.

3 Für das Olivenpesto die Oliven abgießen und die getrockneten Tomaten grob hacken. Den Knoblauch schälen und in dünne Scheiben schneiden. Dann die Zitrone waschen, halbieren und den Saft einer Hälfte auspressen. Von der anderen Hälfte die Schale abreiben. Oregano waschen und die Blättchen abzupfen. Alles mit dem Öl vermengen und mit dem Pürierstab fein pürieren. Mit Honig und Salz abschmecken.

4 Die Pinienkerne in einer beschichteten Pfanne ohne Zugabe von Öl anrösten. Den Reis und die Steak-Gemüse-Mischung miteinander vermengen. Mit dem Olivenpesto und den gerösteten Pinienkernen servieren.

PRO PORTION: ca. 798 kcal | 42 g E | 33 g F | 82 g KH

ZUBEREITUNGSZEIT: ca. 30 Minuten

Rinderhüftsteak
mit Bohnenpüree & Tomaten

FÜR 2 PORTIONEN

150 g Kirschtomaten
400 g weiße Bohnen
2 EL Kapern (in Lake)
1 Knoblauchzehe
3 EL Pflanzenöl (z. B. Sonnenblumen- oder Rapsöl)
12 kleine Thymianzweige
60 ml Gemüsebrühe
2 Rinderhüftsteaks (à ca. 180 g)
Salz, Pfeffer
20 g Butter
1 Zitrone

1 Zunächst die Tomaten abspülen und die Bohnen sowie Kapern abtropfen lassen. Den Knoblauch schälen und pressen. Danach 1 EL Öl in einem Topf erhitzen und den Knoblauch darin kurz anbraten. Die Bohnen, 2 Thymianzweige sowie die Brühe dazugeben, aufkochen und zugedeckt ca. 5 Minuten köcheln lassen.

2 Inzwischen die Rinderhüftsteaks kalt abspülen und trocken tupfen. Rundherum mit Salz und Pfeffer würzen. 1 EL Öl in einer großen Pfanne erhitzen und die Steaks darin von jeder Seite 3–4 Minuten braten. Herausnehmen und zugedeckt ca. 5 Minuten ruhen lassen.

3 Restliches Öl in die Pfanne geben. Die Tomaten darin bei mittlerer Hitze 3 Minuten braten. Die Butter, die Kapern sowie den restlichen Thymian zugeben und 2–3 weitere Minuten braten, bis die Tomaten aufplatzen. Die Thymianzweige aus den Bohnen entfernen und die Bohnen fein pürieren. Die Zitrone halbieren und den Saft auspressen. Den Zitronensaft unterrühren und mit Salz und Pfeffer würzen.

4 Das Bohnenpüree auf zwei Teller verteilen und die Steaks darauf anrichten. Mit den Tomaten, den Kapern, dem Thymian und dem Pfeffer garniert servieren.

PRO PORTION: ca. 686 kcal | 51 E | 43,5 g F | 22,5 g KH

ZUBEREITUNGSZEIT: ca. 20 Minuten

SPORTLER-TIPP

Hannes Ocik, Ruderer im Deutschland-Achter, Olympia-Silber 2016, Weltmeister 2017, 2018 und 2019
„Wenn Fleisch, dann ein gutes Stück mageres Rind mit hohem Gehalt an Protein, das wir Sportler nach dem Training brauchen. Am besten schmeckt's mir pur oder wie hier mit Bohnenpüree."

Saltimbocca
mit Erbsenpüree & Bohnen

FÜR 2 PORTIONEN

150 g grüne Bohnen
40 g Kalamata-Oliven (in Lake)
1 Bio-Zitrone
20 g Mandelblättchen
1 EL Senf (mittelscharf)
1 EL Ahornsirup
6 EL Olivenöl
Salz, Pfeffer
4 Hähnchenschnitzel (á ca. 80 g)
4 Scheiben Parmaschinken
12 Salbeiblätter
20 g Butter
200 g Erbsen (TK)
2 EL Pflanzenöl (z. B. Sonnenblumen- oder Rapsöl)

Utensilien

8 kleine Holzspieße

1 Die Bohnen abspülen und putzen. Die Oliven abtropfen lassen. Die Zitrone abwaschen und halbieren. Eine Hälfte auspressen, die andere in Spalten schneiden. Die Mandelblättchen in einer Pfanne ohne Fett rösten und auskühlen lassen. Für das Dressing den Senf mit dem Zitronensaft, dem Ahornsirup und dem Olivenöl verquirlen. Die Hälfte der Mandelblättchen unterrühren, mit Salz und Pfeffer würzen.

2 Für das Saltimbocca die Hähnchenschnitzel kalt abspülen und trocken tupfen. Dann jedes Schnitzel einmal quer halbieren und mit Salz und Pfeffer würzen. Den Parmaschinken ebenfalls einmal quer halbieren. Dann jeweils ein Stück Schinken und ein Salbeiblatt auf ein Schnitzel legen und mit einem Holzspieß fixieren.

3 Die Bohnen in kochendem Salzwasser 8–10 Minuten bissfest garen. Für das Erbsenpüree die Butter in einem Topf zerlassen. Danach die Erbsen und 50 ml Wasser zugeben. Das Ganze aufkochen und zugedeckt 5 Minuten köcheln lassen. Inzwischen eine große Pfanne mit dem Pflanzenöl erhitzen und die Schnitzel darin von jeder Seite 3–4 Minuten braten. Ca. 2 Minuten vor Ende der Garzeit die restlichen Salbeiblätter zugeben und knusprig braten. Währenddessen die Erbsen mit einem Stabmixer fein pürieren und mit Salz sowie Pfeffer würzen. Die Bohnen abgießen.

4 Das Erbsenpüree mit Bohnen, Schnitzeln, Zitronenspalten und Oliven anrichten. Mit Salbeiblättern sowie Mandelblättchen garnieren und mit dem Dressing servieren.

PRO PORTION: ca. 1.046 kcal | 57,3 E | 79,1 g F | 26 g KH

ZUBEREITUNGSZEIT: ca. 40 Minuten

Max Lang, Gewichtheber, mehrfacher Deutscher Meister

„Hähnchen hat einen genauso hohen Proteingehalt wie Rindfleisch, ist aber viel einfacher in der Zubereitung. Also: Hähnchen ist pflegeleichter und passt in einen ausgewogenen Speiseplan!"

Lachsfrikadellen
mit Blumenkohl & Polenta

FÜR 2 PORTIONEN

300 g Blumenkohl
Salz, Pfeffer
1 Frühlingszwiebel
2 Knoblauchzehen
1 Stück Ingwer
1 Ei (Größe M)
1 Bund Koriander
400 g frisches Lachsfilet
3 EL Vollkornsemmelbrösel
60 g Polentagrieß
(+ ca. 4 EL für die Frikadellen)
350 ml Vollmilch
3 EL Pflanzenöl
(z. B. Sonnenblumen- oder Rapsöl)
20 g rote Currypaste
150 ml Kokosmilch

Utensilien
Küchenmaschine

1 Den Blumenkohl abspülen, putzen und in kleine Röschen teilen. Für 4 Minuten in kochendes Salzwasser geben. Abgießen, mit kaltem Wasser kurz abschrecken und gut abtropfen lassen.

2 Danach die Frühlingszwiebel abspülen, putzen und in feine Ringe schneiden. Den Knoblauch und den Ingwer schälen, beides fein hacken. Das Ei trennen, das Eiweiß zur Seite stellen. Den Koriander abspülen, trocken tupfen und die Blättchen abzupfen.

3 Den Fisch kalt abspülen, trocken tupfen und anschließend 150 g Lachsfilet grob würfeln. Die Würfel mit dem Eiweiß und den Frühlingszwiebeln vermengen und in einer Küchenmaschine mit einem Schneidaufsatz kurz mixen. Den restlichen Lachs fein würfeln und mit den Semmelbröseln sowie der Hälfte der Ingwer-Knoblauch-Mischung unter die Masse mischen. Mit Salz abschmecken. Dann aus der Masse 6 Frikadellen formen und in den Polentagrieß drücken. Anschließend kalt stellen.

4 Für die Polenta die Milch aufkochen und mit Salz und Pfeffer würzen. Den Polentagrieß unter Rühren einrieseln lassen und 10 Minuten köcheln lassen, dabei regelmäßig umrühren. Vom Herd nehmen und abgedeckt quellen lassen.

5 Dann 2 EL Öl in einer Pfanne erhitzen. Die Frikadellen darin von jeder Seite 3–4 Minuten goldbraun braten. Das restliche Öl in einem Topf erhitzen und die übrige Ingwer-Knoblauch-Mischung darin anbraten. Die Currypaste kurz mitrösten. Dann die Kokosmilch, 50 ml Wasser sowie den Blumenkohl dazugeben und 1 Minute leicht köcheln lassen. Die Frikadellen mit Polenta, Blumenkohl und der Currysauce anrichten. Mit Koriander garniert servieren.

PRO PORTION: ca. 933 kcal | 58,8 E | 48,2 g F | 64,7 g KH

ZUBEREITUNGSZEIT: ca. 30 Minuten

#reifeleistung

DAS ERFOLGSREZEPT VON ANNE SAUER, FLORETTFECHTERIN

„Ob angebraten oder roh – ich liebe Lachs einfach. Zudem ist er so gesund, dass er mindestens ein- bis zweimal pro Woche auf dem Teller landen sollte. Ich habe Lachs vorher noch nie in einem Wrap gegessen, aber dieser hier ist superlecker. Vor allem mit der Mango-Salsa ist es ein wirklich perfektes Rezept, das ich in Zukunft immer wieder gern kochen werde."

IHRE GRÖSSTEN ERFOLGE
- EM-Bronze 2017 mit der Florett-Mannschaft
- Mehrfache Deutsche Meisterin im Florett-Einzel
- Mehrfache Deutsche Meisterin mit der Florett-Mannschaft

3 FRAGEN AN ANNE

Welche Bedeutung hat für dich das Thema ausgewogene Ernährung?
„Ernährung spielt eine sehr große Rolle für mein Leben. Sie beeinflusst die Regeneration, die Fitness und eben das eigene Wohlbefinden maßgeblich. Nur wenn das alles ineinandergreift, kann man jeden Tag aufs Neue alles geben."

Wie motivierst du dich für dein hartes Training?
„Für mich ist vor allem das Gefühl danach eine große Motivation. Die Erschöpfung und die Freude über das Geschaffte geben einem viel Energie zurück. Wichtig ist aber auch, sich die eigenen Ziele und den großen Traum immer wieder vor Augen zu halten. So gebe ich bei jedem Training 110 Prozent und versuche, mich immer weiter zu verbessern."

Bei aller Disziplin: Wann wirst du schwach?
„Ein gutes Stückchen Schokolade zu einer Tasse Kaffee muss es ab und zu schon sein."

Lachs-Wrap
mit Bohnenmus & Mango-Salsa

FÜR 4 PORTIONEN
4 Weizentortillas

Für das Bohnenmus
200 g weiße Bohnen
1 Knoblauchzehe
1 Bio-Limette
1 rote Chili
2 EL Sesamöl
1 TL Curry
Salz, Pfeffer

Für den Belag
500 g Lachsfilet
4 EL Teriyaki-Sauce
8 Blatt Romanasalat
½ Salatgurke
1 Avocado
2 EL Sesam
2 EL Sesamöl
Salz, Pfeffer
5–6 Korianderblätter

Für die Mango-Salsa
2 Tomaten
1 Mango
1 rote Chili
1 rote Zwiebel
½ Bund Koriander
½ Bund Minze
1 EL Sojasauce
1 TL Honig

1 Für das Bohnenmus die weißen Bohnen in einem Sieb mit Wasser abspülen. Den Knoblauch schälen und fein hacken. Die Limette waschen, die Schale abreiben und die Frucht auspressen. Die Chili waschen, halbieren und die Kerne entfernen. Die Hälfte des Limettensafts und -abriebs mit den Bohnen, der Chili, dem Knoblauch, dem Sesamöl sowie dem Curry in ein hohes Rührgefäß geben und mithilfe eines Stabmixers zu einem feinen Mus pürieren. Mit Salz und Pfeffer abschmecken.

2 Für den Belag den Lachs unter kaltem Wasser abspülen und in einer Marinade aus dem übrigen Limettensaft und der Teriyaki-Sauce für 15 Minuten im Kühlschrank ziehen lassen. In der Zwischenzeit den Romanasalat in einzelne Blätter trennen, waschen und trocken schleudern. Die Gurke schälen und in kleine Würfel schneiden. Die Avocado halbieren, den Stein entfernen, das Fruchtfleisch herauslösen und in Scheiben schneiden. Den Sesam in einer beschichteten Pfanne ohne Zugabe von Öl goldbraun rösten und abkühlen lassen.

3 Das Sesamöl in einer Pfanne erhitzen und den Lachs von beiden Seiten jeweils 4–5 Minuten anbraten. Mit Salz und Pfeffer würzen. Dann den Lachs abkühlen lassen und in mundgerechte Stücke zupfen.

4 Für die Salsa die Tomaten waschen, den Strunk herausschneiden und würfeln. Die Mango schälen, das Fruchtfleisch vom Kern herunterschneiden und würfeln. Die Chili waschen und fein hacken. Die rote Zwiebel schälen und in kleine Würfel schneiden. Koriander und Minze waschen, trocken schütteln und fein hacken. Die Tomaten- und Mangowürfel mit der Chili und den Kräutern vermengen. Mit der Sojasauce und dem Honig abschmecken.

5 Die Tortillas nach Packungsanleitung kurz erwärmen und das Bohnenmus mittig darauf verstreichen. Mit Salat, Gurke, Lachs, Sesam, Avocado sowie Mango-Salsa befüllen und zusammenrollen. Die Lachs-Wraps mit frischem Koriander garniert servieren.

PRO PORTION:
ca. 634 kcal | 39,3 g E | 30,5 g F | 55,4 g KH

ZUBEREITUNGSZEIT: ca. 45 Minuten

Sommer-Minestrone
mit Perlgraupen & Mangold

FÜR 2 PORTIONEN

120 g Perlgraupen
Salz, Pfeffer
200 g Mangold
1 Schalotte
2 Knoblauchzehen
250 g Tomaten (nach Belieben Strauchtomaten, Kirschtomaten, Ochsenherztomaten etc.)
1 EL Pflanzenöl (z. B. Sonnenblumen- oder Rapsöl)
250 ml stückige Tomaten
10 g Parmesan
½ Bund Basilikum
50 ml Olivenöl

1 Die Perlgraupen nach Packungsanleitung in Salzwasser garen. Den Mangold abspülen, die Stiele abschneiden und die Blätter in mundgerechte Stücke schneiden. Die Stiele der Länge nach halbieren und in 1 cm breite Stücke schneiden. Danach die Schalotte schälen und fein würfeln. Den Knoblauch schälen und pressen. Die frischen Tomaten waschen, halbieren, die Stielansätze entfernen und in ca. 2 cm große Würfel schneiden.

2 Das Pflanzenöl in einem breiten Topf erhitzen. Darin die Hälfte des Knoblauchs mit den Schalottenwürfeln und den Mangoldstielen 1 Minute anbraten. Die stückigen Tomaten mit 500 ml Wasser zugeben, aufkochen und zugedeckt 10 Minuten köcheln lassen. Danach die Mangoldblätter mit den frischen Tomaten dazugeben, aufkochen und weitere 5 Minuten köcheln lassen. Mit Salz und Pfeffer würzen.

3 Inzwischen den Parmesan grob reiben. Mit Basilikumblättern und Olivenöl in einen hohen Mixbecher geben und kurz fein pürieren. Die Perlgraupen gut abtropfen lassen und zur Suppe geben. Mit Salz und Pfeffer würzen. Die Minestrone auf die Teller geben und mit dem Basilikumöl servieren.

PRO PORTION: ca. 642 kcal | 16 E | 35,5 g F | 63,5 g KH

ZUBEREITUNGSZEIT: ca. 30 Minuten

SPORTLER-TIPP

Timo Pielmeier, Eishockeytorwart, Olympia-Silber 2018
„Ich ernähre mich meistens vegan. Man merkt beim Training einfach, was man gegessen hat. Bei Suppen und Eintöpfen lässt sich das super umsetzen. Statt Perlgraupen kann man auch Reis verwenden. Dann ist die Minestrone frei von Weizen."

Asiatische **Hühner-Kokossuppe**

FÜR 2 PORTIONEN

125 g Naturreis (Langkorn)
Salz
150 g Hähnchenbrustfilet
1 Frühlingszwiebel
1 Stück Ingwer
1 Knoblauchzehe
150 g Kirschtomaten (gelb und rot)
100 g braune Champignons
50 g Babyspinat
200 ml Kokosmilch
2 Bio-Limetten
2 EL Sojasauce

1 Den Reis nach Packungsanleitung in Salzwasser garen. Das Fleisch kalt abspülen und mit ½ l Wasser in einen Topf geben. Langsam aufkochen und 20 Minuten sanft köcheln lassen.

2 Inzwischen die Frühlingszwiebel putzen, abspülen und in dünne Ringe schneiden. Die Ringe vom dunklen Ende beiseitelegen. Ingwer und Knoblauch schälen und fein hacken. Die Tomaten waschen und halbieren. Die Champignons putzen und in Scheiben schneiden. Den Spinat abspülen, abtropfen lassen und grob hacken.

3 Das Fleisch aus der Brühe nehmen und in Stücke zupfen. Dann 300 ml Brühe aus dem Topf nehmen und mit der Kokosmilch, Tomaten, Ingwer, Knoblauch, Champignons sowie dem hellen Teil der Frühlingszwiebel mischen. Danach den Spinat hinzugeben. Die Limetten waschen, die Schale abreiben und halbieren. Eine Limettenhälfte auspressen.

4 Das Fleisch in die Suppe geben. Die Sojasauce, die dunklen Zwiebelringe sowie den Limettensaft und -abrieb untermischen. Mit dem Reis servieren.

PRO PORTION: ca. 380 kcal | 27 E | 4 g F | 56 g KH

ZUBEREITUNGSZEIT: ca. 30 Minuten

Curry-Linsensuppe mit Feta

FÜR 2 PORTIONEN

150 g rote Linsen
1 Knoblauchzehe
1 kleine Zwiebel
150 g Kartoffeln
1 EL Pflanzenöl (z. B. Sonnenblumen- oder Rapsöl)
½ TL Kreuzkümmel
½ TL Zimt
1½ TL Curry
250 ml Orangensaft
80 g Feta
1 Bio-Zitrone
1 Bund glatte Petersilie
10 g Butter
Salz, Pfeffer
1½ EL Joghurt (3,5% Fett)

1 Die Linsen in einem Sieb kalt abspülen und abtropfen lassen. Den Knoblauch und die Zwiebel schälen. Danach den Knoblauch pressen und die Zwiebel würfeln. Die Kartoffeln schälen, abspülen und würfeln.

2 Das Öl in einem Topf erhitzen. Knoblauch, Zwiebeln sowie Kartoffeln zugeben und goldbraun braten. Kreuzkümmel, Zimt und 1 TL Curry darüberstäuben und kurz mitrösten. Den Orangensaft, die Linsen und 250 ml Wasser zugeben. Aufkochen und zugedeckt bei mittlerer Hitze 15 Minuten köcheln lassen.

3 Inzwischen den Feta zerbröseln. Die Zitrone abspülen. Den Saft einer Hälfte auspressen. Die Petersilie waschen und trocken schütteln. Dann die Butter in einer Pfanne zerlassen und die Petersilie darin knusprig braten. Restliches Curry in die Butter rühren und mitrösten.

4 Die Suppe mit einem Stabmixer pürieren und mit Zitronensaft, Salz sowie Pfeffer würzen. Auf zwei Tellern anrichten und den Joghurt unterrühren. Den Feta, die Currybutter und die Petersilie darauf verteilen. Mit Pfeffer würzen und servieren.

PRO PORTION: ca. 396 kcal | 14 E | 20,5 g F | 35,5 g KH

ZUBEREITUNGSZEIT: ca. 30 Minuten

1 **Glasnudeln** mit Ei & Shiitake

FÜR 2 PORTIONEN

- 50 g Glasnudeln
- ½ Limette
- 1 Stück Ingwer
- 2 Knoblauchzehen
- 1 EL Pflanzenöl (z. B. Sonnenblumen- oder Rapsöl)
- 450 ml Gemüsebrühe
- 2 EL Sojasauce
- 2 Eier (Größe M)
- 50 g Shiitake-Pilze
- 1 Karotte
- ½ Bund Koriander
- 3 EL gehackte Erdnüsse
- 1 EL Sesam (geröstet)

1 Zunächst die Glasnudeln nach Packungsanleitung garen. Nach Belieben mit einer Schere etwas kleiner schneiden und in zwei Schüsseln anrichten. Den Saft der Limette auspressen. Den Ingwer und den Knoblauch schälen und zusammen fein hacken. Danach das Öl in einem Topf erhitzen und beides darin kurz anbraten. Dann die Brühe zugießen, aufkochen und 5 Minuten köcheln lassen. Mit dem Limettensaft und der Sojasauce abschmecken.

2 In der Zwischenzeit die Eier ca. 7 Minuten wachsweich kochen. Die Shiitake-Pilze abbürsten und den Stiel entfernen. Danach in ca. 5 mm dicke Scheiben schneiden. Die Pilze zur Suppe geben und mitkochen.

3 Die Karotte schälen und der Länge nach in feine Scheiben schneiden oder hobeln. 2 Minuten vor Ende der Garzeit mit zur Suppe geben. Dann die Eier abschrecken, pellen und halbieren.

4 Die Suppe auf die Schüsseln verteilen und die Eierhälften darauf anrichten. Mit Korianderblättern, gehackten Erdnüssen und geröstetem Sesam garniert servieren.

PRO PORTION: ca. 288 kcal | 10,5 E | 18,5 g F | 20,3 g KH

ZUBEREITUNGSZEIT: 20 Minuten

2 **Glasnudeln** mit Tofu & Mais

FÜR 2 PORTIONEN

- 50 g Glasnudeln
- ½ Limette
- 1 Stück Ingwer
- 2 Knoblauchzehen
- 1 EL Pflanzenöl (z. B. Sonnenblumen- oder Rapsöl)
- 450 ml Gemüsebrühe
- 2 EL Sojasauce
- 1 Maiskolben
- Salz
- 100 g Tofu (natur)
- ½ Paprika (gelb)
- ½ Bund Koriander
- 3 EL gehackte Erdnüsse
- 1 EL Sesam (geröstet)

1 Die Glasnudeln nach Packungsanleitung garen. Nach Belieben mit einer Schere etwas kleiner schneiden und auf zwei Schüsseln verteilen. Den Saft der Limette auspressen. Den Ingwer und den Knoblauch schälen, dann beides fein hacken. Danach das Öl in einem Topf erhitzen und beides darin kurz anbraten. Dann die Brühe zugießen, aufkochen und 5 Minuten köcheln lassen. Mit dem Limettensaft und der Sojasauce abschmecken.

2 Inzwischen den Maiskolben putzen und ca. 10 Minuten in Salzwasser kochen. Den Tofu quer halbieren und in ca. 5 mm dicke Scheiben schneiden. Danach die Paprika abspülen, entkernen und mit einem Gemüsehobel fein hobeln, alternativ mit einem Messer in dünne Streifen schneiden. Nach 2 Minuten Garzeit den Tofu mit der Paprika zur Suppe geben und mitkochen.

3 Die Kerne vom Maiskolben mit einem Messer vom Strunk schneiden und diese dann zur Suppe geben. Die Suppe auf die Schüsseln verteilen. Mit Korianderblättern garnieren und mit Erdnüssen sowie Sesam bestreut servieren.

PRO PORTION: ca. 340 kcal | 12 E | 16,3 g F | 36 g KH

ZUBEREITUNGSZEIT: 20 Minuten

Glasnudel-Suppe
3 x anders

3 Glasnudeln
mit Rindfleisch

FÜR 2 PORTIONEN

50 g Glasnudeln
1 Stück Ingwer
2 Knoblauchzehen
2 EL Pflanzenöl
(z. B. Sonnenblumen-
oder Rapsöl)
450 ml Gemüse- oder
Rinderbrühe
½ Limette

2 EL Sojasauce
1 Rinderhüftsteak
(ca. 180 g)
Salz, Pfeffer
1 Frühlingszwiebel
80 g Zuckerschoten
½ Bund Koriander
3 EL gehackte
Erdnüsse
1 EL Sesam (geröstet)

---

1 Die Glasnudeln nach Packungsanleitung garen und dann in zwei Schüsseln anrichten. Den Ingwer und den Knoblauch schälen, dann beides fein hacken. Danach 1 EL Öl in einem Topf erhitzen und den Ingwer mit dem Knoblauch darin kurz anbraten. Die Brühe zugießen, aufkochen und 5 Minuten köcheln lassen. Mit dem Saft der Limette und der Sojasauce abschmecken.

2 Das Hüftsteak abspülen und trocken tupfen. Mit Salz und Pfeffer würzen. Das restliche Öl in einer Pfanne erhitzen und das Steak von jeder Seite 3–4 Minuten braten. Danach 5 Minuten zugedeckt ruhen lassen.

3 Die Frühlingszwiebel und die Zuckerschoten waschen und in Ringe bzw. in dünne Streifen schneiden. Beides zur Brühe geben. Dann das Fleisch klein schneiden und dazugeben. Die Suppe auf die Schüsseln verteilen und mit Koriander, Erdnüssen und Sesam servieren.

PRO PORTION: ca. 343 kcal | 17 E | 21,8 g F | 20,3 g KH

ZUBEREITUNGSZEIT: 20 Minuten

#reifeleistung

DAS ERFOLGSREZEPT VON LUKAS DAUSER, KUNSTTURNER

„Als Sportler hat für mich eine ausgewogene und bewusste Ernährung einen großen Stellenwert. Dieses Gericht mit meiner Lieblingszutat Rindfleisch ist nicht nur lecker, es liefert auch genau die richtigen Nährstoffe. Vor allem das Erdnussöl und der Koriander haben mich überzeugt."

SEINE GRÖSSTEN ERFOLGE
- EM-Silber 2017 am Barren
- Deutscher Mehrkampfmeister 2017
- Platz 7 mit der Mannschaft bei den Olympischen Spielen 2016
- Deutscher Einzelmeister 2016 am Barren
- Weltcupsieger in São Paulo 2015 am Barren

3 FRAGEN AN LUKAS

Welche Bedeutung hat für dich das Thema Ernährung – privat und beruflich?
„Der Sport ist mein Beruf, und um leistungsstark zu sein, muss ich natürlich auch auf meine Ernährung achtgeben. Da gerade beim Turnen jedes Gramm am Körper spürbar ist, muss ich auch auf mein Gewicht achten."

Kochst du denn auch selbst?
„Ich koche täglich und sehr gerne. Am liebsten Fleisch in der Pfanne oder auf dem Grill. Alle zwei Wochen, an meinem sogenannten Cheat Day, darf es aber auch mal eine Pizza geben, mein absolutes Lieblingsessen."

Als Sportler braucht man viel Disziplin – wie motivierst du dich?
„Die Erinnerung an einen erfolgreichen Wettkampf motiviert mich extrem. Ich schaue mir gerne Videos davon an und mache mir immer wieder bewusst, dass man für ehrgeiziges Training auch irgendwann belohnt wird."

Thai-Curry
mit Rind & Quinoa

FÜR 4 PORTIONEN

Für das Thai-Curry
400 g Rinderhüftsteak
1 Bio-Limette
1 EL Erdnussöl
4 EL Sojasauce
1 TL Honig
2 TL grüne Currypaste
1 rote Zwiebel
1 Brokkoli
450 g Zuckerschoten
1 Mango
1 EL Sesamöl
150 g junge Erbsen (TK)
400 ml Kokosmilch
Salz
1 TL Curry
2–3 EL Kokosraspel

Für die Beilage
150 g Quinoa
Salz
2 Frühlingszwiebeln
½ Bund Koriander
1 TL Sesamöl
10 Cashewkerne

1 Das Rindfleisch in feine Streifen schneiden. Die Limette abwaschen und auspressen. Limettensaft, Erdnussöl, Sojasauce, Honig und Currypaste mit 1 Esslöffel Wasser zu einer Marinade verrühren. Das Rindfleisch darin 15 Minuten marinieren.

2 Die Zwiebel schälen und in Ringe schneiden. Den Brokkoli in kleine Röschen trennen und waschen. Die Zuckerschoten waschen, abtropfen lassen und grob zerkleinern. Die Mango schälen, das Fruchtfleisch vom Kern herunterschneiden und ebenfalls grob zerkleinern.

3 Das Sesamöl in einer großen Pfanne erhitzen und das marinierte Fleisch von allen Seiten anbraten. Die Zwiebeln hinzugeben und mit anrösten. ¾ des Mangofruchtfleischs, Zuckerschoten, Erbsen sowie Brokkoli zufügen und 3 Minuten anbraten. Mit Kokosmilch und 100 ml Wasser ablöschen. Das Thai-Curry 15 Minuten bei geschlossenem Deckel köcheln lassen. Mit Salz und Curry abschmecken.

4 Für die Beilage die Quinoa in ein Sieb geben, mit kaltem Wasser abspülen und gut abtropfen lassen. Quinoa in 300 ml gesalzenem Wasser aufkochen. Sobald das Wasser kocht, ca. 15 Minuten auf kleinster Stufe mit geschlossenem Deckel ausquellen lassen, bis die Quinoa das gesamte Wasser aufgenommen hat. Dabei gelegentlich umrühren.

5 Die Frühlingszwiebeln sowie den Koriander waschen und fein hacken. Das Öl in einer beschichteten Pfanne erhitzen. Die Quinoa, die Frühlingszwiebeln, den Koriander und die Cashewkerne 2–3 Minuten darin anschwitzen. Quinoa und Thai-Curry auf vier Tellern anrichten. Mit der Mango und den Kokosraspeln garniert servieren.

PRO PORTION: ca. 427 kcal | 34 g E | 7 g F | 53 g KH

ZUBEREITUNGSZEIT: ca. 45 Minuten

Kichererbsen-Bowl
mit Ziegenkäse & Bacon

FÜR 2 PORTIONEN

250 g Kichererbsen
3 EL Pflanzenöl
(z. B. Sonnenblumen-
oder Rapsöl)
Salz, Pfeffer
2 TL Curry
125 g Basmatireis
2 Scheiben Bacon
(Frühstücksspeck)
4 Scheiben Ziegenfrischkäse
50 g Babyspinat
1 Bund Dill
150 g Joghurt (3,5% Fett)
1 Zitrone
2 EL Olivenöl

1 Den Backofen auf 200 Grad (Umluft 180 Grad) vorheizen. Die Kichererbsen in einem Sieb mit kaltem Wasser abspülen und gut abtropfen lassen. Danach mit 2 EL Pflanzenöl, Salz sowie Pfeffer vermischen und auf einem mit Backpapier ausgelegten Blech verteilen. Die Kichererbsen auf der zweiten Schiene von unten 20–25 Minuten goldbraun rösten. 5 Minuten vor Ende der Garzeit das Curry darüberstreuen und die Kichererbsen darin wenden.

2 In der Zwischenzeit den Reis nach Packungsangabe in Salzwasser garen. Den Bacon quer halbieren und jeweils um eine Scheibe Ziegenkäse wickeln. Mit Pfeffer würzen. Den Spinat abspülen, trocken schutteln und grob hacken. Den Dill klein schneiden. Den Joghurt mit Salz und Pfeffer würzen und 1 EL Dill unterrühren.

3 Kurz vor Garzeitende von Kichererbsen und Reis das restliche Pflanzenöl in einer Pfanne erhitzen. Die Ziegenkäsepäckchen darin von jeder Seite ca. 1 Minute braten, sodass der Bacon knusprig ist, aber der Käse noch nicht stark zerläuft.

4 Die Zitrone auspressen. Den Reis mit einer Gabel auflockern und auf zwei Teller verteilen. Kichererbsen, Ziegenkäsepäckchen und Spinat darauf anrichten. Mit Zitronensaft, Olivenöl und Dill beträufeln bzw. bestreuen. Den Joghurt dazu servieren.

PRO PORTION: ca. 928 kcal | 25,5 E | 52 g F | 88 g KH

ZUBEREITUNGSZEIT: ca. 30 Minuten

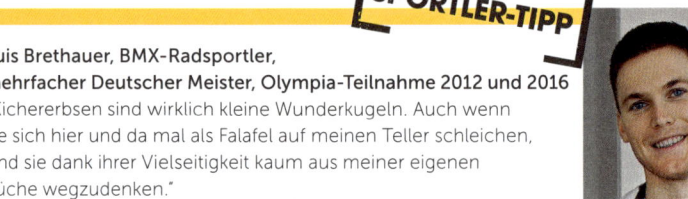

SPORTLER-TIPP

Luis Brethauer, BMX-Radsportler,
mehrfacher Deutscher Meister, Olympia-Teilnahme 2012 und 2016
„Kichererbsen sind wirklich kleine Wunderkugeln. Auch wenn sie sich hier und da mal als Falafel auf meinen Teller schleichen, sind sie dank ihrer Vielseitigkeit kaum aus meiner eigenen Küche wegzudenken."

Gefüllte **Fleischtomaten**

FÜR 2 PORTIONEN

100 g Bulgur
Salz, Pfeffer
4 Fleischtomaten
2 Knoblauchzehen
10 g Pistazienkerne (gesalzen, ohne Schale)
1 Bund Minze
1 Zitrone
3 EL Olivenöl
½ TL Zimt
½ TL Kreuzkümmel
20 g Sultaninen
200 g griechischer Joghurt (10% Fett)

1 Den Backofen auf 180 Grad (Umluft 160 Grad) vorheizen. Den Bulgur nach Packungsanleitung in Salzwasser garen. Inzwischen die Tomaten abspülen und jeweils einen Deckel abschneiden. Die Tomaten mit einem Löffel aushöhlen.

2 Dann die Tomaten auf ein mit Backpapier belegtes Backblech setzen. Den Knoblauch schälen und pressen. Die Pistazienkerne klein hacken. Die Minze waschen und die Blätter abzupfen. 1 Handvoll Minzblätter klein schneiden. Die Zitrone auspressen.

3 Den gegarten Bulgur mit einer Gabel auflockern. Dann mit den Pistazien, der Minze, dem Knoblauch, dem Zitronensaft, dem Olivenöl, Zimt, Kreuzkümmel und den Sultaninen verrühren. Die Mischung mit Salz und Pfeffer abschmecken. Die Tomaten mit dem Bulgur-Mix füllen, danach den Deckel aufsetzen und leicht andrücken. Das Ganze im Backofen auf der zweiten Schiene von unten ca. 15 Minuten garen. Abschließend die gefüllten Tomaten mit den restlichen Minzblättern bestreuen und mit dem Joghurt garniert servieren.

PRO PORTION: ca. 646 kcal | 13,5 E | 37 g F | 63 g KH

ZUBEREITUNGSZEIT: ca. 30 Minuten

Senf-Berglinsen mit Feta

1 Die Linsen mit dem Lorbeerblatt in einen Topf geben. So viel Wasser dazugeben, bis es ca. 2 cm über den Linsen steht. Das Ganze ca. 20–25 Minuten gar kochen.

2 In der Zwischenzeit die Gurke und die Kirschtomaten abspülen. Danach die Gurke der Länge nach dünn hobeln. Die Tomaten halbieren. Den Knoblauch schälen und pressen. Die Petersilie und den Dill grob hacken. Den Feta in möglichst dünne Scheiben schneiden oder zerbröseln.

3 Die fertigen Linsen abgießen und abtropfen lassen. Anschließend das Lorbeerblatt entfernen. Den Senf, den Knoblauch, das Olivenöl und die Hälfte der Kräuter gründlich unter die Linsen mischen. Danach die Tomaten, die Gurke und den Feta vorsichtig unterheben. Mit Salz und Pfeffer abschmecken. Auf zwei Schalen verteilen und mit den restlichen Kräutern bestreut servieren.

TIPP: Die Linsen erst nach dem Garen salzen. Das Salz kann die Garzeit verlängern.

FÜR 2 PORTIONEN

150 g Berglinsen
1 Lorbeerblatt
1 Mini-Salatgurke
200 g Kirschtomaten
1 Knoblauchzehe
½ Bund glatte Petersilie
½ Bund Dill
100 g Feta
2 EL Senf (mittelscharf)
4 EL Olivenöl
Salz, Pfeffer

PRO PORTION: ca. 528 kcal | 18,5 E | 41 g F | 21,5 g KH

ZUBEREITUNGSZEIT: ca. 30 Minuten

#reifeleistung

DAS ERFOLGSREZEPT VON ERIK HEIL UND THOMAS PLÖẞEL, SEGLER

„Wir stehen beide total auf Granatapfel, hatten aber keine gute Idee, wie man daraus eine leckere Mahlzeit machen könnte. Normalerweise essen wir die roten Körner einfach als Snack. Der Schichtsalat sieht spitze aus, schmeckt sehr erfrischend und ist besonders reich an Vitaminen. Das lecker marinierte Fleisch macht das Gericht so richtig perfekt."

IHRE GRÖẞTEN ERFOLGE
- Gold beim World Cup Miami 2019
- 4. Platz bei der WM 2018
- Bronze bei den Olympischen Spielen 2016
- Europameister 2014

3 FRAGEN AN ERIK UND THOMAS

Wie ernährt ihr euch, um fit zu bleiben?
„Durch die hohen Belastungen beim Segeln merken wir sofort, ob wir uns gerade gut ernähren oder nicht. Es ist wichtig, gute Zutaten so zu kombinieren, dass unsere Körper alle Stoffe bekommen, die sie brauchen. Trotzdem darf das Essen nicht belasten und sollte in der Menge richtig bemessen werden."

Habt ihr eine Geheimwaffe für Wettkämpfe?
„Für die Zeit vor und nach den Wettkampffahrten packt uns unser Sail Manager Frithjof kleine leichte Snacks ein."

Und das reicht?
„Nur fürs Erste, schließlich können wir uns vor dem Start ja nicht den Magen vollschlagen. Aber vor allem nach dem Segeln ist es wichtig, was Ordentliches zu essen. Wir geraten sonst schnell in einen „Hangry"-Zustand – eine Mischung aus hungrig und gereizt –, wenn wir mit knurrendem Magen das Boot abbauen müssen."

Schichtsalat
mit Quinoa & Hähnchen

FÜR 4 PORTIONEN

Für den Schichtsalat
150 g Quinoa
1½ TL Gemüsebrühe (körnig)
½ TL Kreuzkümmel
½ TL Curry
1 Prise Cayennepfeffer
1 Prise Zimt
60 g Babyspinat
60 g Friséesalat
2 Kugeln Rote Bete (vorgekocht)
½ Salatgurke
200 g Feta
1 Avocado
½ Bund glatte Petersilie
1 Granatapfel
30 g ganze Pinienkerne

Für die Hähnchenspieße
400 g Hähnchenbrustfilet
½ Bio-Zitrone
½ TL Paprikapulver (edelsüß)
Salz, Pfeffer
2 TL Sesamöl

Für das Dressing
½ Bio-Zitrone
4 Stiele Minze
200 g Skyr
1 EL Olivenöl
1 EL Honig
1 EL Tahin
Salz, Pfeffer

Utensilien
Metallspieße

1 Für den Schichtsalat die Quinoa in ein feines Sieb geben und unter fließendem Wasser gründlich abspülen. Die Gemüsebrühe in 800 ml Wasser auflösen. Die Quinoa mit der Brühe in einen Topf geben, aufkochen und 20–25 Minuten bei geringer Hitze köcheln lassen. Die Gewürze miteinander vermischen und 10 Minuten vor Ende der Garzeit unter die Quinoa rühren.

2 Den Babyspinat sowie den Friséesalat waschen, trocken schleudern und grob zerkleinern. Die Rote Bete in kleine Würfel schneiden. Die Gurke schälen und in Würfel schneiden. Den Feta zerbröseln. Die Avocado halbieren, den Kern entfernen, das Fruchtfleisch herauslösen und in Spalten oder Würfel schneiden. Die Petersilie waschen, trocken schütteln und zerzupfen. Den Granatapfel vierteln und die Kerne herauslösen. Die Pinienkerne in einer beschichteten Pfanne ohne Zugabe von Öl goldbraun rösten. Dann Friséesalat, Gurke, Quinoa, Babyspinat, Rote Bete, Feta, Avocado, Petersilie, Granatapfel und Pinienkerne in 4 Gläser schichten.

3 Für die Hähnchenspieße das Hähnchenbrustfilet unter fließendem Wasser abspülen, gut trocken tupfen und längs in Streifen schneiden. Die Hähnchenstreifen dann auf die Metallspieße aufspießen.

4 Für die Marinade die halbe Zitrone waschen, trocknen, abreiben und auspressen. Den Zitronenabrieb und -saft mit Paprikapulver, Salz, Pfeffer sowie dem Sesamöl verrühren. Die Hähnchenspieße mit der Marinade einpinseln und für 3 Minuten von jeder Seite in einer Grillpfanne grillen.

5 Für das Dressing die halbe Zitrone waschen, trocknen, abreiben und auspressen. Die Minze waschen, trocken schütteln und fein hacken. Den Skyr mit der Minze, dem Zitronensaft und -abrieb, Olivenöl, Honig sowie Tahin verrühren. Mit Salz und Pfeffer abschmecken. Den Schichtsalat mit dem Dressing und den Hähnchenspießen anrichten und servieren.

PRO PORTION: ca. 760 kcal | 49,3 g E | 38,4 g F | 53,3 g KH

ZUBEREITUNGSZEIT: ca. 25 Minuten

Snacks
Power für zwischendurch

Snacks sind die kleinen, leckeren Retterchen, wenn wir ganz schnell einen neuen Energieschub brauchen. Sie müssen so leicht und schnell zur Hand sein wie der Staffelstab bei der Übergabe.

In diesem Kapitel zeigen wir Ihnen Snacks, die besonders ausgewogen sind. Die Rezepte kombinieren langkettige Kohlenhydrate, ungesättigte Fettsäuren und Eiweiße clever und raffiniert – und sorgen so dafür, dass Ihre Energiespeicher schnell wieder aufgefüllt werden.

Die fruchtigen Riegel, die süßen Energy-Balls und die knackigen Gemüsechips, die Sie auf den folgenden Seiten entdecken können, sind einfach zuzubereiten und unglaublich lecker. Schließlich muss der beste Snack den Körper nicht nur mit Energie und wichtigen Nährstoffen versorgen, sondern vor allem gut schmecken.

Obst etwa ist ein derartiger Alleskönner, den man in Dutzenden köstlichen Varianten frisch genießen kann. Aber auch Trockenfrüchte stillen die Lust auf Süßes. Sie enthalten zwar viel Fruchtzucker, dieser kann von unserem Körper in Maßen jedoch gut verwertet werden.

Und wenn es mal besonders kernig werden soll, empfehlen wir Nüsse. Sie enthalten reichlich ungesättigte Fettsäuren, Eiweiß und Ballaststoffe. Bereits eine Handvoll macht satt und bringt den Kreislauf in Schwung.

Vanille-Joghurt
mit Fruchtpüree

FÜR 2 PORTIONEN

180 g Früchte nach Belieben (küchenfertig, z. B. Himbeeren, Erdbeeren, Mango)
1 Zitrone
4 EL Honig
20 g Chiasamen
150 ml Sahne
¼ Vanilleschote
100 g Joghurt (3,5% Fett)

Zum Garnieren
2 EL Mandelblättchen
2 Minzzweige
Früchte nach Belieben

1 Für das Fruchtpüree die ausgewählten Früchte nach Belieben in einem Standmixer fein pürieren. Die Zitrone halbieren und ca. 1 EL Saft auspressen. Den Zitronensaft, den Honig und die Chiasamen unterrühren. Das Püree 30 Minuten kalt stellen und nach 15 Minuten gut umrühren, damit sich keine Klümpchen bilden.

2 Inzwischen die Sahne steif schlagen und kalt stellen. Danach die Vanilleschote der Länge nach aufschneiden und das Mark herauskratzen. Das Vanillemark mit dem Joghurt verrühren und anschließend ebenfalls kalt stellen.

3 Zum Servieren das Fruchtpüree noch einmal gut durchrühren. Die Sahne unter den Joghurt heben und anschließend das Püree marmorartig unterziehen.

4 Den Fruchtjoghurt auf zwei Schälchen verteilen und mit Mandelblättchen, den Blättchen von den Minzzweigen und Früchten nach Belieben garnieren.

PRO PORTION: ca. 522 kcal | 10 g E | 36 g F | 36 g KH

ZUBEREITUNGSZEIT: ca. 10 Minuten (zzgl. 30 Minuten Quellzeit)

Erdbeershake
mit Bananen & Datteln

FÜR 2 PORTIONEN

350 g Erdbeeren
1 EL Agavendicksaft
2 Bananen
3 Datteln
300 ml Pflanzenmilch
(nach Belieben Hafermilch, Reismilch, Dinkelmilch)
10 g Haferflocken (zart)
2 Minzzweige

1 Die Erdbeeren abspülen und putzen. Danach 100 g Erdbeeren mit dem Agavendicksaft pürieren und zur Seite stellen.

2 Die Bananen schälen und die Datteln entkernen. Dann beides zusammen mit den restlichen Erdbeeren, der Pflanzenmilch und den Haferflocken in einen hohen Mixbecher geben und fein pürieren.

3 Das Erdbeer-Agavensirup-Püree auf dem Boden und am Rand der Gläser einfüllen, indem das Glas schräg gehalten und gedreht wird. Dann sofort die restliche Erdbeermilch in die Gläser füllen und mit Minze garnieren.

PRO PORTION: ca. 321 kcal | 8 g E | 7 g F | 53,5 g KH

ZUBEREITUNGSZEIT: ca. 10 Minuten

SPORTLER-TIPP

Selin und Timur Oruz, Hockeyspieler/-in, beide gewannen Olympia-Bronze 2016
„Dieser Erdbeershake ist laktosefrei, vegan und durch die enthaltenen Bananen und die Haferflocken sehr sättigend. Besonders vor oder zwischen den Trainingseinheiten ist er die perfekte Grundlage."

Beereneis mit Schokolade

FÜR 12 STÜCK

2 Bananen
200 g griechischer Joghurt (10% Fett)
100 g Beeren-Mischung (TK)
40 g Honig
150 g Zartbitter-Schokolade (mind. 70% Kakaoanteil)
2 TL Kokosöl
20 g Kokosraspel

Utensilien
12 kleine Eisformen
12 Eisstiele

1 Zunächst die Bananen schälen und mit Joghurt, Beeren und Honig in einen hohen Mixbecher geben und pürieren. Danach die Masse auf 12 Eisformen (à 50 ml) verteilen und die Stiele hineinstecken. Das Ganze für 3 Stunden ins Gefrierfach geben.

2 Das Eis herausnehmen und kurz in heißes Wasser tauchen. Dann aus den Formen nehmen, auf ein mit Backpapier belegtes Brett legen und wieder ins Gefrierfach geben.

3 Die Schokolade klein hacken und über einem heißen Wasserbad schmelzen. Dann das Kokosöl unterrühren und alles in ein schmales hohes Gefäß füllen.

4 Das Eis aus dem Tiefkühlfach nehmen und in die Kuvertüre tauchen. Die Schokolade kurz abtropfen lassen, sofort mit ein paar Kokosraspeln bestreuen und umgehend servieren. Alternativ das Eis bis zum Servieren in das Gefrierfach geben.

PRO PORTION: ca. 147 kcal | 1,8 g E | 9,4 g F | 14,1 g KH

ZUBEREITUNGSZEIT: ca. 20 Minuten (zzgl. ca. 3 Stunden Kühlzeit)

Warme Erdbeeren mit Joghurt

FÜR 2 PORTIONEN

200 g Erdbeeren
¼ Vanilleschote
1 TL abgeriebene Bio-Zitronenschale
4 EL Ahornsirup
10 g ganze Pekannüsse
300 g Kokos-Joghurt (auf pflanzlicher Basis)

1 Den Backofen auf 180 Grad (Umluft 160 Grad) vorheizen. Die Erdbeeren abspülen und putzen. Die Vanilleschote der Länge nach halbieren und das Mark herauskratzen. Das Vanillemark mit Erdbeeren, Zitronenschale und dem Ahornsirup mischen.

2 Das Ganze in eine Auflaufform (ca. 20x25 cm) geben und auf der zweiten Schiene von unten ca. 15 Minuten schmoren. Danach herausnehmen und die Erdbeeren ca. 10 Minuten abkühlen lassen.

3 In der Zwischenzeit die Pekannüsse grob hacken. Den Joghurt durchrühren und auf zwei tiefen Tellern anrichten. Zum Schluss die abgekühlten Erdbeeren mit dem Sud auf den Kokos-Joghurt geben und mit den Nüssen bestreut servieren.

TIPP: Wer Joghurt auf pflanzlicher Basis nicht mag, kann alternativ auch griechischen Joghurt (10% Fett) zu den Erdbeeren servieren. Die Pekannüsse lassen sich auch durch geröstete Walnüsse ersetzen.

PRO PORTION: ca. 426 kcal | 4,9 g E | 31 g F | 31 g KH

ZUBEREITUNGSZEIT: ca. 15 Minuten (zzgl. 25 Minuten Gar- und Kühlzeit)

#reifeleistung

DAS ERFOLGSREZEPT VON GESA KRAUSE, 3.000-METER-HINDERNIS-LÄUFERIN

„Ich mag es gerne schnell. Das betrifft sowohl meinen Sport als auch das Essen. Tatsächlich bedingt beides sogar einander. Selbst kochen ist für mich nämlich oft Fehlanzeige, weil ich durch die Wettkämpfe und das Training viel unterwegs bin und regelmäßig in Hotels esse. Die richtigen Snacks sind daher eine feine Sache. Das Tolle an den Energy-Balls ist, dass sie mich mit lang anhaltender Energie versorgen. Sie sind ein Konzentrat aller ausgewogenen Lebensmittel, die ich mir vorher aussuche, also etwa aus Obst, Nüssen und Kohlenhydraten. Ich bekomme so Ballaststoffe und notwendige Fette, ohne dass ich lange etwas zubereiten muss. Dazu sind die Energy-Balls variabel im Geschmack, werden also nicht langweilig. Und praktisch sind sie allemal, schließlich kann man sie vorbereiten, mitnehmen und überall verzehren."

IHRE GRÖSSTEN ERFOLGE
- WM-Bronze 2015 und 2019
- Europameisterin 2016 und 2018
- Platz 6 bei den Olympischen Spielen 2016
- Mehrfache Deutsche Meisterin

3 FRAGEN AN GESA

Beeinflusst deine Karriere als Leistungssportlerin dein Verhältnis zu Lebensmitteln?
„Vermutlich denke ich mehr darüber nach als andere Leute. Es ist aber auch nicht so, dass ich jedes Nahrungsmittel abwiege. Ich achte natürlich darauf, dass ich mich bewusst ernähre. Der Körper kann aus ausgewogener Nahrung einfach wesentlich mehr Energie ziehen und sich schneller regenerieren."

Hast du besondere Regeln, nach denen du isst?
„Abgesehen von Kaffee und Tee trinke ich fast ausschließlich Wasser. Allerdings ist ein alkoholfreies Bier gerade nach einem langen Lauftraining sinnvoll, weil es neben Mineralien auch Elektrolyte liefert. Industriell verarbeitete Lebensmittel und Zucker meide ich. Generell kaufe ich Bio-Qualität, wann immer es geht."

Reicht das für eine ausreichende Nährstoffversorgung – gerade als Sportler?
„Wenn man sich ausgewogen ernährt, sind Nahrungsergänzungsmittel nicht notwendig. Und das Gute ist: Je gesünder die Portionen, desto größer können sie auch sein. Im Umkehrschluss heißt das, dass man mehr essen kann und somit weniger hungrig ist."

Energy-Balls
mit Mango & Pflaume

FÜR JE CA. 10 STÜCK

Energy-Balls mit Mango
60 g Mango (getrocknet)
120 g Cashewkerne
1 Spritzer Zitrone

Energy-Balls mit Pflaume
10 g Pflaumen (getrocknet)
50 g gemahlene Mandeln

Außerdem
2 EL Kokosraspel
30 g Quinoa (gepufft)

1 Alle Zutaten pro Sorte im Mixer zerhacken, bis eine klebrige Masse entsteht. Jeweils einen Teelöffel zwischen den Handflächen zu kleinen Kugeln verarbeiten. Wenn die Masse zu trocken ist, etwas Wasser hinzufügen. Ist die Masse zu feucht, etwas mehr Nüsse hinzufügen.

2 Die Energy-Balls mit den Kokosraspeln bzw. der Quinoa garnieren und genießen.

TIPP: Bei der Herstellung von Energy-Balls sind der Kreativität keine Grenzen gesetzt. Je nach Geschmack kann bei den Trockenfrüchten und den Nüssen variiert werden. Besonders gut schmecken die Powerkugeln übrigens gekühlt, deswegen sollten sie vor dem Verzehr rund 30 Minuten in den Kühlschrank gestellt werden.

PRO STÜCK: ca. 70 kcal | 2,2 g E | 4,8 g F | 5,6 g KH

ZUBEREITUNGSZEIT: ca. 15 Minuten

WEITERE REZEPTE UNTER WWW.EDEKA.DE/REIFELEISTUNG

1 Pistazien-Energy-Balls

Nuss-Snacks 3x anders

FÜR CA. 10 STÜCK

100 g Soft-Datteln
1 Bio-Orange
70 g gemahlene Mandeln
70 g Pistazien (gehackt)
2 EL Kokosöl

1 EL Leinsamen (geschrotet)

Utensilien
Blitzhacker
Mörser

1 Die Datteln entsteinen und grob hacken. Die Bio-Orange waschen, die Schale abreiben und 1 EL Saft auspressen. Danach die Datteln mit den gemahlenen Mandeln, 30 g Pistazien, dem Kokosöl und dem Orangensaft portionsweise in einem Blitzhacker fein pürieren. Anschließend die geschroteten Leinsamen sowie die abgeriebene Orangenschale unterkneten.

2 Aus der Masse 10 gleich große Kugeln formen. Die restlichen Pistazien in einem Mörser fein mahlen und die Kugeln darin wälzen. Kühl und luftdicht verschlossen gelagert halten die Pistazien-Energy-Balls ca. 1 Woche.

TIPP: Wer keinen Mörser hat, um die Pistazien zu mahlen, kann die Pistazien-Energy-Balls in Kakaopulver oder in Kokosraspeln wälzen.

PRO PORTION: ca. 143 kcal | 3,5 g E | 10,8 g F | 8,1 g KH

ZUBEREITUNGSZEIT: ca. 30 Minuten

2 Kakao-**Nuss-Riegel**

FÜR CA. 10 STÜCK

250 g Soft-Datteln
20 g Kokosöl
20 g Kakaopulver (ungesüßt)
40 g Leinsamen (geschrotet)
100 g Nussmischung
100 g Haferflocken (zart)
20 g Chiasamen

Utensilien
Blitzhacker

1 Die Datteln grob hacken und zusammen mit dem Kokosöl, dem Kakaopulver und den Leinsamen portionsweise in einem Blitzhacker fein pürieren.

2 Die Nussmischung fein hacken und mit der Dattelmasse vermischen. Ein paar Nüsse zur Seite legen. Danach das Ganze mit den Haferflocken und den Chiasamen gut verkneten.

3 Die Masse auf Backpapier zu einem Rechteck (ca. 15x22 cm) formen. Dabei die restlichen gehackten Nüsse gleichmäßig auf der Oberfläche verteilen und in die Masse drücken. Anschließend für ca. 1 Stunde kalt stellen.

4 Zum Servieren das Rechteck quer halbieren und die Stücke längs in ca. 3 cm breite Streifen schneiden. In Frischhaltefolie verpackt halten die Riegel rund 3 Monate.

TIPP: Das Rezept lässt sich nach Geschmack beliebig erweitern. Sehr gut passen auch getrocknete Cranberrys und Kokosraspel.

PRO PORTION: ca. 216 kcal | 6 g E | 10,2 g F | 24,2 g KH

ZUBEREITUNGSZEIT: ca. 20 Minuten (zzgl. ca. 1 Stunde Kühlzeit)

3 Geröstete **Rosmarinnüsse**

FÜR CA. 350 G

1 EL Rosmarinnadeln
20 g Butter
100 g Mandeln
100 g Macadamianüsse
100 g Cashewkerne
3 EL Honig
Meersalz
1 EL Mohn

1 Backofen auf 180 Grad Ober-/Unterhitze vorheizen. Währenddessen die Rosmarinnadeln fein hacken. Dann die Butter zerlassen.

2 Die erwärmte Butter in einer Schüssel mit den Mandeln, den Macadamianüssen, den Cashewkernen und dem Honig mischen. Mit etwas Salz würzen.

3 Die Mischung auf einem mit Backpapier ausgelegten Backblech ausbreiten und auf mittlerer Schiene ca. 5 Minuten rösten. Das Ganze gut beobachten, da die Nüsse sehr schnell verbrennen.

4 Dann den gehackten Rosmarin und den Mohn untermischen und die Nüsse ca. 3–5 Minuten goldbraun fertig rösten. Herausnehmen und auf dem Backpapier auskühlen lassen. Luftdicht verpackt sind die Nüsse etwa 4 Wochen haltbar.

TIPP: Mit Kokosöl und Ahornsirup statt Butter werden die Nüsse zu einem veganen Snack.

PRO PORTION: ca. 159 kcal | 3,9 g E | 13,7 g F | 5,4 g KH

ZUBEREITUNGSZEIT: ca. 15 Minuten

Gemüsechips mit Rosmarinsalz

FÜR 2 PORTIONEN

250 g Wurzelgemüse (Rote Bete, Karotten, Pastinaken)
700 ml Frittierfett (z. B. Palmfett oder Kokosöl)
½ TL Rosmarinnadeln
¼ TL Curry
1 TL Meersalz

Utensilien
Gemüsehobel

1 Für die Chips das Gemüse schälen und mit einem Gemüsehobel in ca. 2 mm dünne Scheiben hobeln. Die rohen Gemüsechips mit Küchenpapier trocken tupfen.

2 Das Frittierfett in einem hohen Topf auf 180 Grad erhitzen. Es ist heiß genug, wenn an einem hineingehaltenen Holzkochlöffel Blasen aufsteigen. Die Gemüsescheiben portionsweise unter gelegentlichem Wenden im heißen Fett knusprig frittieren.

3 Die fertigen Gemüsechips mit einer Schaumkelle herausheben und auf Küchenpapier abtropfen lassen.

4 Die Rosmarinnadeln sehr fein hacken und zusammen mit dem Curry unter das Salz mischen. Die Chips mit dem Rosmarin-Curry-Salz würzen.

TIPP: In einer Heißluftfritteuse lassen sich die Gemüsechips auch ohne Fett frittieren.

PRO PORTION: ca. 279 kcal | 2 g E | 25,5 g F | 11 g KH

ZUBEREITUNGSZEIT: ca. 30 Minuten

Walnüsse im Speckmantel

FÜR 24 STÜCK

12 Scheiben Speck
1 Ziegenkäserolle (240 g)
24 Soft-Trockenfrüchte (nach Belieben Datteln, Aprikosen oder Pflaumen)
24 Walnusskerne
24 kleine Kräuterzweige (nach Belieben Rosmarin, Thymian oder Salbei)
2 EL Pflanzenöl (z. B. Sonnenblumen- oder Rapsöl)
Pfeffer

1 Zunächst die Speckscheiben halbieren. Die Ziegenkäserolle in 12 gleich dicke Scheiben schneiden. Im Anschluss jede Scheibe nochmals halbieren.

2 Die Trockenfrüchte nach Wahl aufklappen und mit jeweils einem Walnusskern sowie einem Kräuterzweig füllen und zuklappen.

3 Danach ein Stück Käse auf die gefüllten Trockenfrüchte legen und anschließend mit einem Streifen Speck umwickeln.

4 Das Öl in einer großen Pfanne erhitzen und die Walnusspäckchen zunächst mit der Specknaht nach unten, dann von jeder Seite ca. 2 Minuten knusprig braten. Mit etwas Pfeffer würzen und sofort servieren.

TIPP: Vegetarier können statt zu Speck einfach zu Auberginen greifen. Dafür die Aubergine mit einem Schälmesser in dünne Scheiben schneiden. Die Walnüsse, den Ziegenkäse und die Trockenfrüchte damit umwickeln und in einer Pfanne anbraten.

PRO PORTION: ca. 122 kcal | 4,1 g E | 7,8 g F | 8,7 g KH

ZUBEREITUNGSZEIT: ca. 20 Minuten

#reifeleistung

DER OFFIZIELLE TEAM DEUTSCHLAND-RIEGEL

DIE CHALLENGE

Vier Sportler, zwei Teams und jede Menge Zutaten: Mit vier Top-Athleten vom Olympia Team Deutschland kreierte EDEKA zwei neue Riegel: Beachvolleyball-Olympiasiegerin 2016 Laura Ludwig und der Olympia-Vize im Rudern 2016 Hannes Ocik bildeten #teamfruchtig. Ihnen gegenüber stand das #teamkernig mit Beachvolleyballerin Maggie Kozuch und Johannes Vetter, Weltmeister 2017 im Speerwurf. Die Basiszutaten beider Riegel sind gleich, diese wurden von den Teams durch fruchtige bzw. kernige Zutaten ergänzt. Deutschland hat sich entschieden: In einem öffentlichen Voting wurde der #teamfruchtig-Riegel zum offiziellen Team Deutschland-Riegel gewählt.

DER GEWINNER

„Der fruchtige Riegel ist einfach ein Geschmackserlebnis durch und durch. Die Kombination der einzelnen Zutaten wirkt vielleicht etwas speziell, aber bereits beim ersten Probieren wird jeder merken, wie viel Fingerspitzengefühl von uns da drinsteckt. Unser Ziel war es, den #teamfruchtig-Riegel süß und gleichzeitig sauer zu gestalten und dabei etwas Farbe ins Spiel zu bringen. Deswegen haben wir auch so viele bunte Komponenten benutzt. Wir sind einfach nur begeistert!"

LAURAS GRÖSSTE ERFOLGE

- Siegerin World Tour Finals 2016, 2017, 2019
- Weltmeisterin 2017
- Olympiasiegerin 2016
- Mehrfache Europameisterin
- Mehrfache Deutsche Meisterin

HANNES' GRÖSSTE ERFOLGE

- Dreifacher Weltmeister 2017, 2018 und 2019
- Silber bei den Olympischen Spielen 2016
- Mehrfacher Europameister
- Mehrfacher Deutscher Meister

3 FRAGEN AN #TEAMFRUCHTIG

Was macht den Haferriegel #teamfruchtig zum optimalen Snack für zwischendurch?
„Der Riegel ist nicht nur lecker, sondern voll mit guten Zutaten und jeder Menge Power. Gerade vor und nach dem Training sind solche bewussten Snacks wichtig, denn sie halten den Blutzuckerspiegel oben und können die Leistung optimal unterstützen. Als Sportler geht man schließlich immer wieder an seine Grenzen und fordert den Körper auf verschiedenen Ebenen, da ist die entsprechende Energiezufuhr unerlässlich."

Haltet ihr euch dafür an einen Ernährungsplan?
„Man sollte definitiv darauf achten, bewusst zu essen und darauf zu hören, was der Körper braucht. Viele Proteine und ungesättigte Fette bilden eine gute Basis. Vor und nach dem Training sollte man zudem vermehrt komplexe Kohlenhydrate wie Haferflocken essen."

Wie lautet euer Geheimrezept für sportlichen Erfolg?
„Disziplin, Ehrgeiz und Willensstärke sind extrem wichtig, um erfolgreich zu sein, und helfen grundsätzlich in allen Bereichen des Lebens weiter. Man sollte sich immer wieder vor Augen halten, wo man hinmöchte und sich selbst vertrauen, auch wenn es mal nicht optimal nach Plan läuft. Viele Wege führen nach Rom."

Haferriegel
mit Dattel, Banane & Himbeere

FÜR CA. 20 RIEGEL À 60 G

- 370 g Haferflocken (kernig)
- 350 g Haferflocken (zart)
- 140 g Sonnenblumenöl
- 100 g Bananen (getrocknet)
- 70 g Datteln (getrocknet, gewürfelt)
- 20 g Himbeeren (getrocknet)
- 255 g Hafersirup
- 55 g Reissirup
- 30 g Johannisbeersaftkonzentrat

1 Die Haferflocken in einer Schüssel mit dem Öl vermischen. Die getrockneten Bananenstücke, die Dattelwürfel und die getrockneten Himbeeren unterrühren.

2 Den Hafersirup, den Reissirup und den Johannisbeersaft in einem Topf erwärmen. Danach mit den restlichen Zutaten zu einer formbaren Masse vermengen.

3 In der Zwischenzeit den Backofen auf 160 Grad (Umluft) erhitzen. Ein Backblech mit Backpapier auslegen und die Masse gleichmäßig darauf verteilen. Mithilfe eines Nudelholzes die Oberfläche leicht andrücken und anschließend im Backofen auf mittlerer Schiene ca. 15 Minuten lang backen.

4 Die fertig gebackene Riegel-Masse aus dem Ofen nehmen, auskühlen lassen, in gleich große Riegel schneiden und servieren.

PRO PORTION: ca. 272 kcal | 5 g E | 10,4 g F | 39,2 g KH

ZUBEREITUNGSZEIT: ca. 25 Minuten

Keine Zeit zum Selbermachen? Den leckeren Gewinner-Riegel von #teamfruchtig gibt es auch im EDEKA-Regal.

Register

A
ANANAS
Ananas-Smoothie mit Spinat — 37
APFEL
Birchermüsli mit Apfel, Honig & Kirschen — 17
Chia-Pudding mit Traubensaft & Joghurt — 24
Hackbällchen mit Kürbis, Apfel & Salat — 49
AUBERGINEN
Kichererbsensalat mit Walnusspesto — 75
Ofen-Süßkartoffeln mit Auberginen-Mango-Ragout — 55
Sushi-Burrito mit Mango & Rindfleisch — 81
AVOCADO
Avocado-Bowl mit Beeren & Babyspinat — 23
Bananen-Omelett, herzhaft — 39
Buchweizen-Waffeln mit Graved Lachs & Avocado — 34
Kichererbsen-Salat mit Walnusspesto — 75
Poké Bowl mit Tofu & Avocado — 79
Reissalat mit Rindfleisch & Avocado — 101
Schoko-Joghurt mit Himbeeren — 27
Vollkornbrot mit Grapefruit & Avocado — 43

B
BACON / SPECK
Herzhaftes Porridge mit Bacon & pochiertem Ei — 18
Kichererbsen-Bowl mit Ziegenkäse & Bacon — 118
Walnüsse im Speckmantel — 136
BANANEN
Ananas-Smoothie mit Spinat — 37
Bananen-Omelett, herzhaft & süß — 39
Bananen-Pancakes mit Heidelbeer-Nuss-Topping — 31
Brombeer-Smoothie mit Basilikum — 37
Couscous-Auflauf mit frischen Früchten — 45
Erdbeershake mit Bananen & Datteln — 128
Haferriegel mit Dattel, Banane & Himbeere — 139
Smoothie-Bowl mit Beeren — 21
BEEREN
Avocado-Bowl mit Beeren & Babyspinat — 23
Beereneis mit Schokolade — 131
Brombeer-Smoothie mit Basilikum — 37
Smoothie-Bowl mit Beeren — 21
Vanille-Joghurt mit Fruchtpüree — 127
BLUMENKOHL
Lachsfrikadellen mit Blumenkohl & Polenta — 107
BOHNEN
Lachs-Wrap mit Bohnenmus & Mango-Salsa — 109
Rinderhüftsteak mit Bohnenpüree & Tomaten — 103
Saltimbocca mit Erbsenpüree & Bohnen — 104
BOWLS
Avocado-Bowl mit Beeren & Babyspinat — 23
Hirse-Bowl mit Birne & Mandeln — 21
Kichererbsen-Bowl mit Ziegenkäse & Bacon — 118
Mozzarella mit Mango & Zucchini — 70
Mozzarella mit Spargel & Parmaschinken — 71
Mozzarella mit Tomaten & Spinat — 71
Poké Bowl mit Tofu & Avocado — 79
Smoothie-Bowl mit Beeren — 21

BROKKOLI
Rote-Bete-Gnocchi mit Garnelen & Minzpesto — 65
Thai-Curry mit Rind & Quinoa — 117
BROT
Krabben auf Vollkornbrot — 63
Vollkornbrot mit Eiersalat & Radieschen — 43
Vollkornbrot mit Grapefruit & Avocado — 43
Vollkornbrot mit Ziegenfrischkäse & Gurke — 43
BUCHWEIZEN
Buchweizen-Waffeln mit Graved Lachs & Avocado — 34
BULGUR
Gefüllte Fleischtomaten — 121

C
CHIASAMEN
Chia-Pudding mit Traubensaft & Joghurt — 24
Kakao-Nuss-Riegel — 135
Smoothie-Bowl mit Beeren — 21
Vanille-Joghurt mit Fruchtpüree — 127
CHIPS
Gemüsechips mit Rosmarinsalz — 136
COUSCOUS
Couscous-Auflauf mit frischen Früchten — 45

D
DINKEL
Buchweizen-Waffeln mit Graved Lachs & Avocado — 34
Dinkelpasta mit Tomaten-Dreierlei — 67
Spinat-Pancakes mit Roter Bete — 63

E
EI
Bananen-Omelett, herzhaft & süß — 39
Erbsen-Omelett mit Ziegenkäse & Radieschen — 40
Glasnudeln mit Ei & Shiitake — 114
Herzhaftes Porridge mit Bacon & pochiertem Ei — 18
Mangoldgemüse mit gerösteten Nüssen & Ei — 95
Süßkartoffel-Rösti mit Ei — 53
Vollkornbrot mit Eiersalat & Radieschen — 43
EIS
Beereneis mit Schokolade — 131
ENERGY-BALLS
Energy-Balls mit Mango & Pflaume — 133
Pistazien-Energy-Balls — 134
ERBSEN
Erbsen-Omelett mit Ziegenkäse & Radieschen — 40
Pizza bianca mit Radieschen & Erbsen — 72
Rote-Bete-Gnocchi mit Garnelen & Minzpesto — 65
Saltimbocca mit Erbsenpüree & Bohnen — 104
Thai-Curry mit Rind & Quinoa — 117
ERDBEEREN
Avocado-Bowl mit Beeren & Babyspinat — 23
Erdbeer-Joghurt mit Cornflakes — 26
Erdbeershake mit Bananen & Datteln — 128
Warme Erdbeeren mit Joghurt — 131

F
FETA
Curry-Linsensuppe mit Feta — 113
Kichererbsensalat mit Walnusspesto — 75
Schichtsalat mit Quinoa & Hähnchen — 123
Senf-Berglinsen mit Feta — 121

FORELLE
- Gefüllte Forelle mit Rote-Bete-Karotten-Salat — 60
- Räucherforelle mit Kartoffelpüree & Radieschen — 56

G

GARNELEN / KRABBEN
- Krabben auf Vollkornbrot — 63
- Rote-Bete-Gnocchi mit Garnelen & Minzpesto — 65

GLASNUDELN
- Glasnudeln mit Ei & Shiitake — 114
- Glasnudeln mit Rindfleisch — 115
- Glasnudeln mit Tofu & Mais — 114

GNOCCHI
- Rote-Bete-Gnocchi mit Garnelen & Minzpesto — 65

GRANATAPFEL
- Couscous-Auflauf mit frischen Früchten — 45
- Gebratener Rotkohl mit gelbem Reis & Granatapfel — 76
- Gefüllte Forelle mit Rote-Bete-Karotten-Salat — 60
- Schichtsalat mit Quinoa & Hähnchen — 123

GRAPEFRUIT
- Vollkornbrot mit Grapefruit & Avocado — 43

GURKE
- Senf-Berglinsen mit Feta — 121
- Vollkornbrot mit Ziegenfrischkäse & Gurke — 43

H

HAFERFLOCKEN
- Bananen-Pancakes mit Heidelbeer-Nuss-Topping — 31
- Birchermüsli mit Apfel, Honig & Kirschen — 17
- Haferriegel mit Dattel, Banane & Himbeere — 139
- Herzhaftes Porridge mit Bacon & pochiertem Ei — 18
- Kakao-Nuss-Riegel — 135
- Popcorn-Nuss-Granola — 28

HÄHNCHEN
- Asiatische Hühner-Kokossuppe — 113
- Bananen-Omelett, herzhaft — 39
- Saltimbocca mit Erbsenpüree & Bohnen — 104
- Schichtsalat mit Quinoa & Hähnchen — 123

HALLOUMI
- Gegrillter Halloumi mit Lauchsalat & Passionsfrucht — 50

HEIDELBEEREN
- Bananen-Omelett, süß — 39
- Bananen-Pancakes mit Heidelbeer-Nuss-Topping — 31
- Heidelbeer-Joghurt mit Granola — 27

HIMBEEREN
- Haferriegel mit Dattel, Banane & Himbeere — 139
- Hirse-Bowl mit Birne & Mandeln — 21
- Schoko-Joghurt mit Himbeeren — 27
- Süßes Labneh mit Himbeeren — 28

HIRSE
- Hirse-Bowl mit Birne & Mandeln — 21

J

JOGHURT
- Avocado-Bowl mit Beeren & Babyspinat — 23
- Beereneis mit Schokolade — 131
- Buchweizen-Waffeln mit Graved Lachs & Avocado — 34
- Chia-Pudding mit Traubensaft & Joghurt — 24
- Couscous-Auflauf mit frischen Früchten — 45
- Erdbeer-Joghurt mit Cornflakes — 26
- Heidelbeer-Joghurt mit Granola — 27
- Mohnwaffeln mit Trauben & Joghurt — 33
- Schoko-Joghurt mit Himbeeren — 27
- Smoothie-Bowl mit Beeren — 21
- Süßes Labneh mit Himbeeren — 28
- Warme Erdbeeren mit Joghurt — 131
- Vanille-Joghurt mit Fruchtpüree — 127

K

KAROTTEN
- Gefüllte Forelle mit Rote-Bete-Karotten-Salat — 60
- Gemüsechips mit Rosmarinsalz — 136
- Glasnudeln mit Ei & Shiitake — 114
- Mangoldgemüse mit gerösteten Nüssen & Ei — 95
- Poké Bowl mit Tofu & Avocado — 79
- Rosenkohlpfanne mit Karotten & Reisbandnudeln — 96

KARTOFFELN
- Bunte Ofenkartoffeln — 53
- Curry-Linsensuppe mit Feta — 113
- Kartoffelsalat mit gegrillter Zucchini — 99
- Räucherforelle mit Kartoffelpüree & Radieschen — 56
- Rote-Bete-Gnocchi mit Garnelen & Minzpesto — 65
- Süßkartoffel-Rösti mit Ei — 53

KICHERERBSEN
- Kichererbsen-Bowl mit Ziegenkäse & Bacon — 118
- Kichererbsensalat mit Walnusspesto — 75

KÜRBIS
- Hackbällchen mit Kürbis, Apfel & Salat — 49

L

LACHS
- Buchweizen-Waffeln mit Graved Lachs & Avocado — 34
- Gezupfter Lachs mit Fenchel & Pasta — 59
- Lachsfrikadellen mit Blumenkohl & Polenta — 107
- Lachs-Wrap mit Bohnenmus & Mango-Salsa — 109

LINSEN
- Curry-Linsensuppe mit Feta — 113
- Senf-Berglinsen mit Feta — 121

LOW CARB
- Beereneis mit Schokolade — 131
- Energy-Balls mit Mango & Pflaume — 133
- Erbsen-Omelett mit Ziegenkäse & Radieschen — 40
- Gemüsechips mit Rosmarinsalz — 136
- Geröstete Rosmarinnüsse — 135
- Glasnudeln mit Ei & Shiitake — 114
- Glasnudeln mit Rindfleisch — 115
- Hackbällchen mit Kürbis, Apfel & Salat — 49
- Kakao-Nuss-Riegel — 135
- Mangoldgemüse mit gerösteten Nüssen & Ei — 95
- Mozzarella mit Mango & Zucchini — 70
- Mozzarella mit Tomaten & Spinat — 71
- Mozzarella mit Spargel & Parmaschinken — 71
- Pistazien-Energy-Balls — 134
- Popcorn-Nuss-Granola — 28
- Rinderhüftsteak mit Bohnenpüree & Tomaten — 103
- Saltimbocca mit Erbsenpüree & Bohnen — 104
- Senf-Berglinsen mit Feta — 121
- Smoothie-Bowl mit Beeren — 21
- Walnüsse im Speckmantel — 136

M

MAIS
- Glasnudeln mit Tofu & Mais — 114
- Popcorn-Nuss-Granola — 28

MANGO
- Energy-Balls mit Mango … 133
- Lachs-Wrap mit Bohnenmus & Mango-Salsa … 109
- Mango-Smoothie mit Ingwer … 37
- Mozzarella mit Mango & Zucchini … 70
- Ofen-Süßkartoffeln mit Auberginen-Mango-Ragout … 55
- Sushi-Burrito mit Mango & Rindfleisch … 81
- Thai-Curry mit Rind & Quinoa … 117
- Vanille-Joghurt mit Fruchtpüree … 127

MANGOLD
- Mangoldgemüse mit gerösteten Nüssen & Ei … 95
- Sommer-Minestrone mit Perlgraupen & Mangold … 110

MOZZARELLA
- Mozzarella mit Mango & Zucchini … 70
- Mozzarella mit Tomaten & Spinat … 71
- Mozzarella mit Spargel & Parmaschinken … 71

MÜSLI / GRANOLA
- Birchermüsli mit Apfel, Honig & Kirschen … 17
- Heidelbeer-Joghurt mit Granola … 27
- Herzhaftes Porridge mit Bacon & pochiertem Ei … 18
- Popcorn-Nuss-Granola … 28

N

NUDELN
- Dinkelpasta mit Tomaten-Dreierlei … 67
- Gezupfter Lachs mit Fenchel & Pasta … 59
- Rosenkohlpfanne mit Karotten & Reisbandnudeln … 96

NÜSSE
- Bananen-Pancakes mit Heidelbeer-Nuss-Topping … 31
- Couscous-Auflauf mit frischen Früchten … 45
- Energy-Balls mit Mango & Pflaume … 133
- Geröstete Rosmarinnüsse … 135
- Hirse-Bowl mit Birne & Mandeln … 21
- Kakao-Nuss-Riegel … 135
- Kichererbsensalat mit Walnusspesto … 75
- Mangoldgemüse mit gerösteten Nussen & Ei … 95
- Pistazien-Energy-Balls … 134
- Popcorn-Nuss-Granola … 28
- Walnüsse im Speckmantel … 136

O

ORANGEN
- Couscous-Auflauf mit frischen Früchten … 45
- Mango-Smoothie mit Ingwer … 37

P

PANCAKES
- Bananen-Pancakes mit Heidelbeer-Nuss-Topping … 31
- Spinat-Pancakes mit Roter Bete … 63

PARMASCHINKEN
- Mozzarella mit Spargel & Parmaschinken … 71
- Saltimbocca mit Erbsenpüree & Bohnen … 104

PERLGRAUPEN
- Sommer-Minestrone mit Perlgraupen & Mangold … 110

PILZE
- Asiatische Hühner-Kokossuppe … 113
- Glasnudeln mit Ei & Shiitake … 114
- Mozzarella mit Spargel & Parmaschinken … 71

PIZZA
- Pizza bianca mit Radieschen & Erbsen … 72

POLENTA
- Lachsfrikadellen mit Blumenkohl & Polenta … 107

Q

QUINOA
- Schichtsalat mit Quinoa & Hähnchen … 123
- Thai-Curry mit Rind & Quinoa … 117

R

RADIESCHEN
- Erbsen-Omelett mit Ziegenkäse & Radieschen … 40
- Pizza bianca mit Radieschen & Erbsen … 72
- Räucherforelle mit Kartoffelpüree & Radieschen … 56
- Vollkornbrot mit Eiersalat & Radieschen … 43

REIS
- Asiatische Hühner-Kokossuppe … 113
- Gebratener Rotkohl mit gelbem Reis & Granatapfel … 76
- Kichererbsen-Bowl mit Ziegenkäse & Bacon … 118
- Poké Bowl mit Tofu & Avocado … 79
- Reissalat mit Rindfleisch & Avocado … 101
- Sushi-Burrito mit Mango & Rindfleisch … 81

RINDFLEISCH
- Glasnudeln mit Rindfleisch … 115
- Hackbällchen mit Kürbis, Apfel & Salat … 49
- Reissalat mit Rindfleisch & Avocado … 101
- Rinderhüftsteak mit Bohnenpüree & Tomaten … 103
- Sushi-Burrito mit Mango & Rindfleisch … 81
- Thai-Curry mit Rind & Quinoa … 117

ROSENKOHL
- Rosenkohlpfanne mit Karotten & Reisbandnudeln … 96

ROTE BETE
- Gefüllte Forelle mit Rote-Bete-Karotten-Salat … 60
- Gemüsechips mit Rosmarinsalz … 136
- Krabben auf Vollkornbrot … 63
- Rote-Bete-Gnocchi mit Garnelen & Minzpesto … 65
- Schichtsalat mit Quinoa & Hähnchen … 123
- Spinat-Pancakes mit Roter Bete … 63

ROTKOHL
- Gebratener Rotkohl mit gelbem Reis & Granatapfel … 76

S

SALATE
- Gegrillter Halloumi mit Lauchsalat & Passionsfrucht … 50
- Gezupfter Lachs mit Fenchel & Pasta … 59
- Hackbällchen mit Kürbis, Apfel & Salat … 49
- Kartoffelsalat mit gegrillter Zucchini … 99
- Kichererbsensalat mit Walnusspesto … 75
- Reissalat mit Rindfleisch & Avocado … 101
- Schichtsalat mit Quinoa & Hähnchen … 123

SCHOKOLADE / KAKAO
- Beereneis mit Schokolade … 131
- Kakao-Nuss-Riegel … 135
- Schoko-Joghurt mit Himbeeren … 27

SHAKES / SMOOTHIES
- Ananas-Smoothie mit Spinat … 37
- Brombeer-Smoothie mit Basilikum … 37
- Erdbeershake mit Bananen & Datteln … 128
- Mango-Smoothie mit Ingwer … 37
- Smoothie-Bowl mit Beeren … 21

SPARGEL
- Mozzarella mit Spargel & Schinken … 71

SPINAT
- Ananas-Smoothie mit Spinat … 37
- Asiatische Hühner-Kokossuppe … 113
- Avocado-Bowl mit Beeren & Babyspinat … 23

Kichererbsen-Bowl mit Ziegenkäse & Bacon	118
Kichererbsensalat mit Walnusspesto	75
Mozzarella mit Tomaten & Spinat	71
Schichtsalat mit Quinoa & Hähnchen	123
Spinat-Pancakes mit Roter Bete	63
Spinatnocken mit Tomaten & Salbei	68

SÜSSKARTOFFELN

Ofen-Süßkartoffeln mit Auberginen-Mango-Ragout	55
Süßkartoffel-Rösti mit Ei	53
Sushi-Burrito mit Mango & Rindfleisch	81

SUPPEN

Asiatische Hühner-Kokossuppe	113
Curry-Linsensuppe mit Feta	113
Glasnudeln mit Ei & Shiitake	114
Glasnudeln mit Rindfleisch	115
Glasnudeln mit Tofu & Mais	114
Sommer-Minestrone mit Perlgraupen & Mangold	110

T

TOFU

Glasnudeln mit Tofu & Mais	114
Poké Bowl mit Tofu & Avocado	79

TOMATEN

Asiatische Hühner-Kokossuppe	113
Bunte Ofenkartoffeln	53
Dinkelpasta mit Tomaten-Dreierlei	67
Gefüllte Fleischtomaten	121
Gezupfter Lachs mit Fenchel & Pasta	59
Kartoffelsalat mit gegrillter Zucchini	99
Kichererbsensalat mit Walnusspesto	75
Mozzarella mit Tomaten & Spinat	71
Ofen-Süßkartoffeln mit Auberginen-Mango-Ragout	55
Rinderhüftsteak mit Bohnenpüree & Tomaten	103
Senf-Berglinsen mit Feta	121
Sommer-Minestrone mit Perlgraupen & Mangold	110
Spinatnocken mit Tomaten & Salbei	68

TRAUBEN

Chia-Pudding mit Traubensaft & Joghurt	24
Bananen-Omelett, süß	39
Mohnwaffeln mit Trauben & Joghurt	33

TROCKENFRÜCHTE

Energy-Balls mit Mango & Pflaume	133
Erdbeershake mit Bananen & Datteln	128
Haferriegel mit Dattel, Banane & Himbeere	139
Kakao-Nuss-Riegel	135
Pistazien-Energy-Balls	134
Walnüsse im Speckmantel	136

V

VEGAN

Ananas-Smoothie mit Spinat	37
Brombeer-Smoothie mit Basilikum	37
Energy-Balls mit Mango & Pflaume	133
Erdbeershake mit Bananen & Datteln	128
Gebratener Rotkohl mit gelbem Reis & Granatapfel	76
Gemüsechips mit Rosmarinsalz	136
Glasnudeln mit Tofu & Mais	114
Haferriegel mit Dattel, Banane & Himbeere	139
Kakao-Nuss-Riegel	135
Mango-Smoothie mit Ingwer	37
Pistazien-Energy-Balls	134
Poké Bowl mit Tofu & Avocado	79

Smoothie-Bowl mit Beeren	21
Warme Erdbeeren mit Joghurt	131

VEGETARISCH

Avocado-Bowl mit Beeren & Babyspinat	23
Bananen-Omelett, süß	39
Bananen-Pancakes mit Heidelbeer-Nuss-Topping	31
Beereneis mit Schokolade	131
Birchermüsli mit Apfel, Honig & Kirschen	17
Bunte Ofenkartoffeln	53
Chia-Pudding mit Traubensaft & Joghurt	24
Couscous-Auflauf mit frischen Früchten	45
Curry-Linsensuppe mit Feta	113
Dinkelpasta mit Tomaten-Dreierlei	67
Erbsen-Omelett mit Ziegenkäse & Radieschen	40
Erdbeer-Joghurt mit Cornflakes	26
Gefüllte Fleischtomaten	121
Gegrillter Halloumi mit Lauchsalat & Passionsfrucht	50
Geröstete Rosmarinnüsse	135
Glasnudeln mit Ei & Shiitake	114
Heidelbeer-Joghurt mit Granola	27
Hirse-Bowl mit Birne & Mandeln	21
Kartoffelsalat mit gegrillter Zucchini	99
Kichererbsensalat mit Walnusspesto	75
Mangoldgemüse mit gerösteten Nüssen & Ei	95
Mohnwaffeln mit Trauben & Joghurt	33
Mozzarella mit Mango & Zucchini	70
Mozzarella mit Tomaten & Spinat	71
Ofen-Süßkartoffeln mit Auberginen-Mango-Ragout	55
Pizza bianca mit Radieschen & Erbsen	72
Popcorn-Nuss-Granola	28
Rosenkohlpfanne mit Karotten und Reisbandnudeln	96
Schoko-Joghurt mit Himbeeren	27
Senf-Berglinsen mit Feta	121
Sommer-Minestrone mit Perlgraupen & Mangold	110
Spinat-Pancakes mit Roter Bete	63
Spinatnocken mit Tomaten & Salbei	68
Süßes Labneh mit Himbeeren	28
Süßkartoffel-Rösti mit Ei	53
Vanille-Joghurt mit Fruchtpüree	127
Vollkornbrot mit Eiersalat & Radieschen	43
Vollkornbrot mit Grapefruit & Avocado	43
Vollkornbrot mit Ziegenfrischkäse & Gurke	43

W

WAFFELN

Buchweizen-Waffeln mit Graved Lachs & Avocado	34
Mohnwaffeln mit Trauben & Joghurt	33

WRAPS / BURRITOS

Lachs-Wrap mit Bohnenmus & Mango-Salsa	109
Sushi-Burrito mit Mango & Rindfleisch	81

Z

ZIEGENKÄSE

Erbsen-Omelett mit Ziegenkäse & Radieschen	40
Kichererbsen-Bowl mit Ziegenkäse & Bacon	118
Vollkornbrot mit Ziegenfrischkäse & Gurke	43
Walnüsse im Speckmantel	136

ZUCCHINI

Kartoffelsalat mit gegrillter Zucchini	99
Mozzarella mit Mango & Zucchini	70
Pizza bianca mit Radieschen & Erbsen	72
Reissalat mit Rindfleisch & Avocado	101

Impressum

VERLAG & HERAUSGEBER
EDEKA Verlagsgesellschaft mbH
New-York-Ring 6, 22297 Hamburg
Geschäftsführung
Markus Mosa, Rolf Lange
Gesamtleitung
Nico Schiller-Claussen
Projektmanagement
Carolin Vosberg
www.edeka.de

REDAKTION & GESTALTUNG
Companions GmbH
Hopfensack 19, 20457 Hamburg
www.companions.de

Schlusskorrektur SchlussBlick
Fotografie Silke Zander
Foodstyling & Rezepte Pia Westermann, Basedafood (#reifeleistung)
Styling Anka Rehbock
Lithografie Giesick | Medien Produktion

DRUCK & VERARBEITUNG
Mohn Media Mohndruck GmbH
Carl-Bertelsmann-Str. 161M
33311 Gütersloh

Copyright © 2020 EDEKA Verlagsgesellschaft mbH

ISBN 978-3-9818005-5-5
1. Auflage 2020

Alle Rechte vorbehalten. Die Verwertung der Texte und Bilder, auch auszugsweise, ist ohne Zustimmung des Verlags urheberrechtswidrig und strafbar. Dies gilt auch für die Vervielfältigung, Übersetzung, Mikroverfilmung und die Verarbeitung mit elektronischen Medien.

WIR BEDANKEN UNS BEIM OLYMPIA TEAM DEUTSCHLAND FÜR DIE GROSSARTIGE UNTERSTÜTZUNG.

ZUSÄTZLICHE FOTOS
Alberto de Torres (Seite: 128), Alexander Rupp (Seite: 76), BILDREICH Hamburg (Seite: 22, 30, 38, 44, 54, 64, 80, 108, 118, 122, 146, Umschlag), Laura Muthesius/Nora Eisermann (Seite: 22, 23, 30, 31, 38, 44, 45, 54, 64, 74, 75, 80, 100, 108, 116, 122, 133, 146, 147, Umschlag), Marie Scharffenorth (Seite: 74, 116, 146), Michael Schirp (Seite: 56), Mirja Geh (Seite: 82, 83, 84, 85, 86, 87, 88, 89, 90, 91, Umschlag), Picture Alliance (Seite: 4, 24, 33, 34, 40, 60, 67, 79, 95, 96, 110), Ulrich Schaarschmidt (Seite: 17, 18, 103, 132, 138, 139, Umschlag)